はてなの
国際法

岩本誠吾
戸田五郎　著

晃洋書房

は し が き

　最近，新聞で「国際法」という言葉が頻繁に登場するようになった気がします．テレビやラジオのニュース解説の中でも，国際問題であれ国内問題であれ，トピックの事実関係だけでなく，問題解決に導くためのツールとしてトピックに関連する国際法が補足説明されることがあります．それは，国際貿易，武力紛争，地球環境，食糧，人権など，ありとあらゆる分野において国際法が，意識するか否かにかかわらず，私たちの生活環境に深く浸透していることを意味します．それだからこそ，国際法を知ることは，私たちの日常生活をより正確に理解するために非常に大切になってきます．

　しかし，国際法を断片的には聞いて知っているとしても，「国際法ってなに？」と改めて正面から聞かれると，すぐには答えられる人は，少ないのではないでしょうか？　というのも，国際法は，より身近な存在になったとはいえ，国内法，たとえば，憲法，民法，刑法と比べると，一般の人にとって，まだまだ掴みどころのない，なんとなく取っつきにくい，全体的に説明しにくい存在ではないでしょうか．むしろ，一般の人は，国際法を苦手なものとして遠ざけている傾向があるのかもしれません．

　本書は，私たちが日常生活を送っている中で，ふと，「はてな？　これはどうなっているのだろう？」という素朴な疑問が湧いてくるトピックを取り上げ，全15話にまとめました．つまり，本書は，専門科目として国際法を学ぶ法学部の学生用ではなく（なにも法学部生が本書を読んではダメという意味ではありません），一般教養科目として国際法を学ぶ法学部以外の学生や広く一般の人たち用に作られたものです．大学の法学部を志望する高校生の人たちが，大学入学前に読むのもいいかもしれません．そのために，全15話は，できる限り様々な国際法領域に触れるように配慮していますが，国際法を体系的に包括的に解説するように構成されていません．むしろ，本書の題名の通り，身近な日常生活の中で疑問に思うトピックを具体的に取り上げて，その素朴な疑問にわかりやすく答

2

える形で関連する国際法を解説する方法を採用しています.

　本書をきっかけとして，法学部以外の学生や高校生を含む一般の人たちが日常生活と国際社会とのつながりを理解し，少しでも国際法に興味関心を持ってもらえれば，筆者の望外の喜びとなるでしょう.

　2022年盛夏

筆 者 一 同

目　次

第1話

国の数はいくつ？

HATENA

INTERNATIONAL LAW

1 国家の数

　総務省統計局『世界の統計2021』によれば，2020年の世界人口は，77億9500万人と推定されます．その人々の中には，1つの国家だけに結びつかない**重国籍者**や，国家と結びつきのない**無国籍者**もいますが，一般的に，人々は，ある特定の1つの国家に帰属し，その国家の構成員，**国民**（その**国籍**を保有する者）となります．国民の生活空間が，国境線で区切られた領域，いわゆる**領土**（国土）です．では，この地球上にどれだけの国家が存在するのでしょうか．

　国家の数を考える上で，ここでは3つの基準，すなわち，① 日本が承認した国の数，② 国際連合（以下，国連と略す）に加盟している国の数，そして，③ 当事国数が多い国際条約（1985年のオゾン層保護条約と1949年の戦争犠牲者保護に関するジュネーヴ諸条約）に加盟している国の数を使って，国家の数を考えてみましょう．まず，日本が承認している国の数は195か国であり，日本は，世界では，自国を含めて196か国が存在していると，認識しています．第2に，国連加盟国数は，日本を含めて193か国です（2021年末現在）．ただし，日本が国家承認している**コソボ**[1]（2008年に承認），**クック諸島**（2011年），**ニウエ**（2015年）や，外交関係のある**バチカン市国**[2]（1942年に外交関係樹立，戦時中に中断，1952年に外交関係再開）は，国連に加盟していません．他方，日本が国家承認していない**北朝鮮**は国連に加盟しています．それで，国連加盟国数は，196 − 4 + 1 ＝ 193となります．第3に，1949年のジュネーヴ諸条約によれば，国連加盟国193か国に

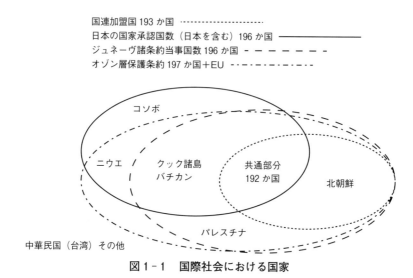

国連加盟国 193 か国 ·····························
日本の国家承認国数（日本を含む）196 か国 ————
ジュネーヴ諸条約当事国数 196 か国 — — — —
オゾン層保護条約 197 か国＋EU — · — · — · —

図 1-1　国際社会における国家

加えて，クック諸島，バチカン市国，**パレスチナ**が締約国となっており，合計196か国となります．オゾン層保護条約は，それらの国にニウエを加えた合計197か国と欧州連合（EU）が条約当事国となります．これら3つの基準からはずれる政治実体として，**中華民国**（通称，台湾）その他があります．国際社会における国家の数は，図1-1のようになります．

2 〉 国家の成立要件

　北朝鮮は，1991年9月17日に韓国と同時に国連に加盟し，2017年現在，162か国と外交関係を有しています．他方，日本は，北朝鮮を国家として承認しておらず，事実上の存在と見ています．同様に，日本は，1972年の日中国交正常化以降，中華民国（台湾）を国家として取り扱わず，台湾と国対国の外交関係はありません．一方で，15か国が中華民国を国家として認め，外交関係を結んでいます（2021年4月末）[3]．このように，同じ政治的実体でも，一方の国家からすれば，国家であるが，他方の国家からすれば，国家ではないという事例が散見されます．

　では，国家としての成立要件は何でしょう？　従来から主張される要件は，**モンテビデオ条約**[4]によれば，① 永続的住民，② 明確な領域，③ 政府，④ 外交能力が，挙げられています．①について，国連加盟国で最も人口の少ないツバル（約1万1100人）から最も人口の多い中国（約14億1000万人）まで人口規模は多様であり，特に制限条件はありません[5]．

　②についても，国連加盟国で最も小さなモナコ（2 km²）から最も大きなロシア（1707万 km²）まで領域の規模も多様であり，特に制限条件はありません[6]．また，日本の北方領土や竹島問題[7]のように，世界では隣接国間で国境線が確定していない事例も多くあります．すべての国境線が確定していなくとも，ある一定の領域が存在すれば，領域の要件は満たされていると言えます．半面，領土のない国家は存在しません．たとえば，領域を持たずローマ市内の建物（マルタ宮殿）にある**マルタ騎士団**は，イタリアの管轄権から免除され[8]，106か国と外交関係がありますが，国家としては認められません．もっとも，①の人口および②の領域があまりにも小規模であるそのようなミニ・ステート（極小国家）は，国家として認められても，永続的に自立して存立可能なのかという現実的な問題に直面しています．

　③について，国家を治める政府は，他国の命令や干渉を受けないで，自らの判断で統治を持続的で実効的に行う統治機構でなければなりません．内戦や動乱または外国からの侵略により国内が混乱して実効的な統治が行われていない国家崩壊の場合，外国の介入により樹立・維持された傀儡国家[9]の場合，そして，実効的統治が短期間で終了する場合には，国家承認はされません．

　④について，ニュージーランドの施政下にあったクック諸島（人口1万8600人）は，1965年に内政自治権を獲得し，ニュージーランドに防衛・外交を依存する**自由連合協定**を結びました．同様に，ニュージーランドの属領であったニウエも，1974年に内政自治権を獲得して，ニュージーランドに防衛・外交を委任する自由連合協定を締結しました．国際社会には，クック諸島やニウエのように，他国と提携して防衛・外交を元施政国に依存するも，外交能力（条約締結権）を持つ自治国（**提携国家**）という政治形態も存在します[10]．

3 特殊な事例

ここで，特殊な事例（中華民国とパレスチナ）を取り上げて，国とは何かを考えてみましょう．

▷ 中華民国（通称，台湾）について

外務省のデータによれば，中華民国は，九州よりやや小さい3万6000km²の領域に2360万人の人口（2020年2月）を抱え，民主共和制の政治形態の下で陸・海・空軍合わせて21.5万人の軍隊を保有し，他国の権力に服することなく当該領域を実効支配しています．中華民国は，国家の成立要件を十分満たしています．しかし，中華民国は，国際政治の大きな渦の中に巻き込まれます．

中華民国政府は国連原加盟国（国連憲章3条の規定による）であり，安全保障理事会の常任理事国の1国でしたが，中華人民共和国政府が1949年に成立した時から，どちらが国連における中国を代表する政府かという中国代表権問題が国連内で論争されてきました．そして，1971年10月25日に，国連総会は北京政府を唯一の合法的代表と認める決議を採択し，その結果，中華人民共和国が国連加盟国となり，中華民国は国連を脱退しました[11]．それ以降，中華人民共和国の「一つの中国」[12]政策により，中華民国は，国家を加盟条件とする多くの政府間の国際機構から排除されています．

他方で，中華民国を国際社会の中で受け入れる様々な工夫がなされています．たとえば，**世界貿易機関（WTO）**は，条約上，加盟対象を国家以外に「完全な自治権を有する独立の関税地域」に拡大しているので，香港（1995年），マカオ（1995年），中国（2001年12月11日）とともに，「台湾・澎湖・金門・馬祖個別関税地域（Chinese Taipei，2002年1月1日）」をメンバーとして参加させています．また，**アジア太平洋経済協力会議（APEC）**は，国際条約で設立された国際機構ではなく非公式の協議フォーラムなので，国旗や国歌の使用を禁止し，そのメンバーを「国家」でなく「エコノミー」と表現し，中国，香港およびチャイニーズ・タイペイ（1991年）をメンバーに加えています（2022年1月現在，21加盟国・地域）．APEC首脳会議では，中華人民共和国と中華民国の政治関係を考慮

図1-2　中華民国の国旗（青天白
　　　日満地紅旗）

図1-3　オリンピック委員会旗
　　　（梅花旗）

して，中華民国は，総統ではなく，総統代理（経済閣僚など）を派遣するのが慣例となっています．

　中華民国は，正式な国家名称ではなく「チャイニーズ・タイペイ（中華台北[13]）」という別称を用いることで，中国の「一つの中国」政策を回避することが可能となり，極めて限定的ではありますが，国際社会に参加できるようになりました．このチャイニーズ・タイペイ（中華台北）は，1979年に名古屋で開催された国際オリンピック委員会（IOC[14]）の理事会決議において初めて使われました．IOCは，中華人民共和国のIOC復帰を認めるとともに，中華民国に「中華台北」という名称および中華民国の国旗・国歌とは異なるIOCが認めたもの[15]を使うというIOC残留条件を決定しました．それ以降，中華民国は，国際的な場に参加する場合，チャイニーズ・タイペイ（中華台北）の名称を使用するようになりました．

▷ パレスチナについて

　パレスチナは，現在，ヨルダン川西岸地区およびガザ地区に居住する約497万人の人口を有する地域です．イスラエルの支配下にあったパレスチナは，1988年に独立を宣言しました．1993年にイスラエルとパレスチナ解放機構（PLO）が相互承認する和平合意（オスロ合意）の成立により，ようやくパレスチナ人による自治政府が発足しました．その後，イスラエルとパレスチナ国家の2国家併存のロードマップ（工程表）も提案されましたが，双方の根深い不信により，和平交渉による2国家併存はいまだ実現していません．

　他方，2020年1月現在，139か国がパレスチナを国家承認しています．日本は，国家承認していないために，「パレスチナ国」ではなく「パレスチナ自治政府」と称しています．イスラエルと友好関係にあるアメリカはパレスチナの国連加盟に反対しているので，安全保障理事会常任理事国であるアメリカの反対により，パレスチナは国連に加盟していません．他方，安全保障理事会のような拒否権制度がない国際機構，**ユネスコ（国連教育科学文化機関）**では，2011年にパレスチナの正式な加盟が可決されました[16]．2012年11月には，国連総会が，パレスチナを国連のオブザーバー機構からオブザーバー国家に格上げする決議[17]を採択しました．パレスチナは，国連加盟国ではないので投票権を持たないが，国連総会その他に出席し発言できるオブザーバー国家として認められました．パレスチナが，国連よりオブザーバー国家として認められたことから，2015年4月1日付で国際刑事裁判所（ICC）加盟国と認定されました．このように，パレスチナは，国際社会でパレスチナ国家の承認を既成事実化するために，積極的に国際機構への加盟に取り組んでいます[18]．

4　主権国家の登場

　上記のように，地球上では，現在，約200ぐらいの国家が存在しています．しかし，一概に国家といっても，中世ヨーロッパの国家と現代の国家とは，権力構造が全く異なっています．中世ヨーロッパでは，主君は臣下に土地を与え，臣下が主君に忠誠を誓う主従関係（**封建制度**）を結んでいました．その主従関係は，国王から諸侯（領主）へ，さらに諸侯からその臣下の騎士（小領主）へと，ピラミッド型の階級秩序を形成します．領主がその所有する荘園で自ら裁判権や課税権を行使したことから，国内の権力は分散化され，国王の国内での権力は相対的に弱くなります．その国王は，国外では，世俗的に**神聖ローマ皇帝**に[19]，精神的に**ローマ教皇**にという普遍的な2つの権威に従属していました[20]．

　しかしながら，中世から近世にかけて，ヨーロッパでは，個人の解放や人間性の自覚を促す**ルネサンス（文芸復興）**運動やカトリック教会（旧教）に対抗するプロテスタント教会（新教）よる**宗教改革**が勃興します．また，新大陸や新

航路の発見などの「**大航海時代**」を迎え，ヨーロッパ地域以外への海外進出や国際貿易が拡大します．それに伴い，封建的で分割的な閉鎖経済体制から近代資本主義による開放経済体制への移行が始まります．このような時代の流れの中で，封建体制（国家権力の分権化）が崩壊し，ローマ教皇の権威が失墜し，国王を中心とする中央集権的な国家が誕生する社会的経済的基盤が整いました．

　さらに，フランスの政治思想家**ジャン・ボダン**（1530-1596年）が主張するように，「**主権**」という概念が登場してきます．それは，国内的には，他の中間的な如何なる権力（封建領主）もなく，国家が国内において最高の政治権力であることを意味し，国外的には，世俗的にも精神的にも外部（神聖ローマ皇帝やローマ教皇）からの干渉を排除することを意味します．この「主権」概念は，いわば，中央集権的な国家の存立を理論武装したと言えます．

　その結果として，主権を有する国家（**主権国家**）を単位とする**ヨーロッパ国家系**を国際条約上明確に確立したのが，新教対旧教の30年戦争（1618-1648年）を終結させた**ウェストファリア条約**でした．そこでは，各諸侯に主権が承認され，神聖ローマ帝国が有名無実化しました．また，オランダとスイスが新教国家として神聖ローマ帝国から独立したことから，主権国家は，中世的な普遍的権威（神聖ローマ皇帝やローマ教皇）から解放されました．こうして独立した主権国家は，21世紀の現在でも，他国の干渉を受けず，排他的な統治権を国内において行使し，対外的に独立しているという基本構造を変えることなく，存続しています．

5 〉国際社会と法

　国家が存在する目的は，対外的な脅威からその国民の生命および財産を保護し，物質的・精神的に国民生活の向上を図ることです．そのために一般的に，国家は，鎖国や孤立政策を取らずに，他国と政治的・経済的・文化的な相互交流を図ります．言い換えれば，国家は，国家の存続と国民の繁栄という共通目的を実現するために，国際協力関係を構築する場として**国際社会**を形成しています．現在，主権国家の上にあって，それらに対して包括的な統治権力を行使

する一つの世界政府または世界連邦[21)]といったものは存在しません。現代の国際社会は，軍事大国や軍事小国，経済大国や経済小国など多種多様な主権国家が横並びに存在する状態（併存状態）にあると言えます．

　では，国際社会には，法に基づく秩序（法秩序）が存在するのでしょうか．20世紀前半において「二度まで言語に絶する悲哀を人類に与えた戦争」（国連憲章前文）を経験し国連を創設したにもかかわらず，20世紀後半においても地球上では武力紛争は絶えることはありませんでした（20世紀は，**戦争の世紀**と称されるほどです）．国際社会は，21世紀に入っても，2001年の**9.11同時多発テロ**が象徴するかのように，新たな武力紛争（対テロ戦争）の時代に入ってきました．そのために，現代の国際社会は，弱肉強食の自然状態（トーマス・ホッブズはこれを「万人の万人に対する戦い」と考えます）のままであり，**権力政治**のみに基づき，法規範が存在しないかまたは十分機能しないような印象を与えがちです．

　しかし，国内社会で衝撃的な殺人事件が発生しても，刑事関連の法規則が機能せず国内法が存在しないと主張できないのと同様に，たとえ秩序を否定する違法行為（武力紛争）が散発的に発生しても，それをもって国際社会に法秩序や法規範が存在しないとは言えません．むしろ，私たちの日常生活を振り返ってみた場合，一般的には，膨大なヒト・モノ・カネ・データの移動（国際交通，国際貿易，国際金融，情報通信）が混乱なく安全で確実に実施されている状況からすれば，国際社会は，むしろ，法規範が存在しており，極めて良好に機能し遵守されていると言えます．国際社会の秩序を維持する法規範，すなわち，**国際法**は，一般的に，「国際社会を基盤として妥当する法であって，主として国家相互の関係を規律し，諸国家間の合意によって形成される法である」と定義されます．

6 　国際化からグローバル化へ

　21世紀においても，なお，主権国家が国際社会において中核的なアクター（行為主体）であり，国際社会が主権国家の併存状態であることに変わりはありません．しかしながら，国家以外にも，諸国家間の合意の下で設立される**国際**

機構・国際組織が，近年，重要なアクターとして活躍しています．

　国際機構の起源は，19世紀後半まで遡ります．18世紀後半に近代資本主義体制への移行を促進した**市民革命**と**技術革新**によって生産力を飛躍的に向上させた**産業革命**が起こりました．それで，諸国家間のヒト・モノ・カネの移動が急増し，政治・経済・文化面において**国際化**が今まで以上に進展しました．19世紀後半頃，ヨーロッパ諸国は，諸国家間の利害調整や国際的協力のために，たとえば，万国電信連合（ITU，1865年）[22)]，一般郵便連合（GPU，1874年）[23)]，国際度量衡局（IBWM，1875年）などの**専門的な国際機構**が設立されました．20世紀前半には，未だかつて経験したことのない大規模な戦争（第一次・第二次世界大戦）が勃発し，戦後に平和・安全保障問題も含む**包括的な国際機構**（国際連盟・国際連合）が登場してきます．今や，専門的および包括的な国際機構が，地域的にも世界的にも，多数設立されています[24)]．それぞれの加盟国と異なる法人格を持ち行動する国際機構は，加盟国の同意の下で，その国家主権を部分的に制限しています[25)]．

　国家主権を最も制限した国際機構が，**欧州連合**（EU）[26)]です．1986年に共通市場の設立，1999年の単一通貨ユーロの導入，そして，同年の域内旅券審査の撤廃により，EUは，あらゆる面で国境のない自由な移動（ボーダレス化）を実現しました．そして，EUの決定する法（**EU法**）が加盟国の法律に優位し加盟国および個人を直接規律することもあり，EUは今までの国際機構と異なる**超国家機関**と位置づけられています．

　社会現象の国際化やボーダレス化の傾向は，経済領域を中心する国際関係のより一層の緊密化により**グローバル化**（地球規模化）へと深化しています．グローバル化は，世界経済を活性化し人権尊重や民主化を促進した成果をあげる一方で，先進国と発展途上国との経済格差，各国内での経済格差，貧困層の増大，地球環境の悪化，文明の衝突，テロリズムの拡散など負の結果も招いています．その反動として，反グローバル化の動きも見受けられます．現代の国際社会は，1国家では取り扱えないこれらの**グローバル・イッシュー**（地球規模的問題）を，国家，国際機構および非政府団体（NGO）などの協働により解決を試み，健全なグローバル化を図らなければなりません．

注

1) セルビアの自治州であったコソボが2008年2月17日に独立宣言をし，2020年9月現在，日本を含む約100か国がコソボの独立を承認しています．しかし，国連加盟は，安全保障理事会の勧告と総会の決定によります．安全保障理事会の常任理事国は拒否権を持っているので，常任理事国が1国でも反対すれば，国連加盟はできません．現段階では，安全保障理事会の常任理事国であるロシアや中国が少数民族の独立運動に反対しているので，コソボは，国連未加盟のままです．

2) 1929年にローマ教皇庁は，イタリアと**ラテラノ（政教）条約**を締結し，「バチカン市国」として承認されました．現在，183の国・地域等（台湾を含む）と外交関係を持ち，国連に1964年以降，**オブザーバー国家**として参加しています．

3) 2005年2月当時，26か国が中華民国を国家承認し正式な外交関係を持っていました．

4) 米州国際会議において1933年に締結された「国の権利および義務に関する条約」．

5) 日本が国家承認している国連未加盟国のバチカン市国（800人）やニウエ（1600人）は，ツバル以下の人口です．

6) 国連未加盟国であるバチカン市国は，イタリア・ローマにあるサン・ピエトロ大聖堂を含む0.44 km²の広さしかありません．

7) 2019年現在，日本は，人口1億2700万人（世界11位）および国土面積37万8000 km²（世界62位）です．

8) 従来，「**治外法権**」という用語で説明されていたが，近年，刑事・民事裁判権や行政権からの免除を適切に表すために「管轄権の免除」という用語が使われています．

9) 1931年に建国された**満州国**は，自主的な独立運動によるものではなく（リットン調査団），日本の傀儡国家とみなされた．キプロス北部（37%）を実効支配する**北キプロス・トルコ共和国**は，トルコの軍事的支援を得て1983年に独立宣言したので，トルコ以外から国家承認を受けていません．

10) **ミクロネシア連邦**は，アメリカとの自由連合協定により，国防・外交をアメリカに委任しつつ，国連加盟しました（1991年）．

11) 日本も1972年9月29日の日中共同声明により中華人民共和国が中国の唯一の合法政府であることを承認し国交を正常化したので，日本・中華民国間の外交関係は終了した．

12) 「一つの中国」とは，世界で中国はただ一つである，台湾は中国の不可分の一部である，中華人民共和国は中国を代表する唯一の合法政府である，という主張を指します．日本政府は，日中共同声明により，中華人民共和国を中国の唯一の合法政府と「承認する」としましたが，台湾が中華人民共和国の領土の不可分の一部であるという中華人民共和国政府の立場を，「十分理解し，尊重」するが，「承認する」とは言っていません．

13) チャイニーズ・タイペイは，公式には，「**中華台北**」であるが，中華民国内に「台湾」と表記の改称を求める意見もあれば，中国内では，「中国香港」のように，「**中国台北**」と表記する例もあります．前者はより独立色を強める表現であり，後者は中国の一部を意味する表現となります．

14) IOCは，政府間の国際機構ではなく，国際的な非政府の非営利団体です．

15）中華民国の国旗（**青天白日満地紅旗**）および国歌ではなく，オリンピック委員会旗（**梅花旗**）と国旗歌（国旗掲揚時の歌）が使用されています．図 1 - 3 参照．

16）そのために，アメリカは分担金8000万ドルの支払いを凍結した．さらに，2017年 7 月にユネスコがヨルダン川西岸地区のパレスチナ自治区ヘブロン旧市街を世界遺産に登録すると決定したことから，2017年10月12日に，アメリカとイスラエルはユネスコからの脱退を発表した．

17）国連のオブザーバー国家は，現在，バチカン市国とパレスチナの 2 か国です．

18）2017年 9 月27日に，国際刑事警察機構（インターポール，現在192加盟国）がパレスチナの加盟を承認しました．

19）神聖ローマ帝国（962年-1806年）には，最多期には300余りの領邦国家（諸侯領）が存在していた．

20）当時のヨーロッパはキリスト教世界であり，カトリック教会の最高位聖職者であるローマ教皇が精神的指導者であった．

21）1947年に設立された国際的非政府団体「世界連邦運動」は，世界のすべての国家を統合する世界連邦の成立を目指し活動している．

22）後の国際電気通信連合（ITU，1932年に名称変更）．

23）後の万国郵便連合（UPU，1878年に名称変更）．

24）20世紀は，国際社会の組織化が急速に進展したので，**国際機構の世紀**と称されます．

25）他方，国家は，国際機構の決定に不服である場合，最終的にその国際機構からの脱退という選択肢が残されています．

26）欧州石炭鉄鋼共同体（ECSC，1951年設立），欧州経済共同体（EEC，1957年設立），欧州原子力共同体（EURATOM，1957年設立）の 3 つの機構が1967年に運営機関を共通のものとし（3 機構の総称として欧州共同体（EC，European Communities）と呼ばれました），さらに1993年のマーストリヒト条約で欧州連合（EU）の枠組みが設定されるとともに EEC が EC（European Community）となりました．そして2009年のリスボン条約で EC が廃止されて EU がこれを継承し，現在に至っています．イギリスが2020年に EU を離脱したので，現在の EU 加盟国数は27か国です．

```
-------------------------------- HATENA --------------------------------
```

第 2 話

国際社会に
ルールはあるの？

はてなの
国際法
?

```
---------------------------- INTERNATIONAL LAW ----------------------------
```

1 ▷ 国際社会のルールとしての国際法

　国際法は，法と呼ばれる社会規範（社会のルール）のうちの1つです．ではその法とは何か．ここでは法はある社会において生み出され機能するルールである，ということを押さえておいてください．つまり，法はそれぞれ，機能する場としての社会の存在を前提としているので，国際法の場合は国際社会という社会を機能の場としているということになります．それに対して，私たちが日頃耳にすることのある憲法とか，民法とかいうのはすべて国内法で，国内法はそれぞれの国の国内社会を機能の場として国の数だけ存在しています．そして，法はその機能の場としての社会の特徴や事情の違いによってそれぞれ違った特徴，違った性質を有することになります．国際法についていえば，国際社会の有している構造や特徴に対応して，その性質が規定されているわけです．

　ではその国際社会とはどんな社会なのでしょうか．

---

① 政府にあたる国際連合によって集権的な統治が行われている社会

② 生まれながらに**主権**を有する国家が並び立っている社会

③ 一部の強力な国家が弱小国家を法的に服従させている社会

もっとも当てはまると思われるものを選んでください.

　正解は②です. 国際社会は国家を主な構成員とする社会だということができます. この点は皆さん予めある程度イメージできているのではないでしょうか. 国際社会を国内社会と対比したときに最も大きな構造上の相違点は, 国際社会には国家の上に立つ権力が存在していないという点にあると思います. 国連も決して国際社会の中央政府ではありませんから①当てはまりません. そしてそのような国際社会において, 国家は主権を有して誕生してきます. 国家はそれが国家であるということのみに基づいて主権というものを有している, つまり国家にはもれなく主権がついてくるわけで, 国家はすべて主権国家です. そして主権を有しているという点において国家は互いに平等な存在であると考えられています.

　では, ここでいう主権とは何か. 主権という用語はそれ自体多義的で, その意味するところを逐一説明すると時間がかかってしまいますので, 今のお話に関連する限りでいえば, 国家は他の国家との関係において独立の存在であるということを意味しています. これを少しずつ言い方を変えて言いますと, 国家はその意思に反して他の国家の意思に服することはない存在である, あるいは, 国家は自らが同意しない限りいかなる義務も負わない存在である, ということです. その意味で, ③は違います. 確かに国際社会には強力な国とそうでない国があって, 場合によって事実上, 前者が後者を服従させている関係にあるように見えることは否定できません. しかし, それはほとんどの場合, 少なくとも法的に見れば, 何らかの形で後者の同意（たとえ不本意なものであっても）に基づいた関係なのです. このように, 国家は上に立つ権力のない社会で, 他の国家の意思に服することなく, 自らの生存をかけ, 国としての利益, つまり国益を追求している, そのような存在だということができます.

　このような構造を持つ国際社会を国内社会と比較してみましょう. 図 2-1 は, 国内社会の主な構成員が人であり, ある国家の領域内にいる人はその国家の統治（あるいは国家権力）に服しているということを示しています. 権力という言葉にはどちらかといえばマイナスのイメージが伴いがちですが, 国家権力は, 時に社会の構成員に対して抑圧的に働くことは否定できないものの, 国内

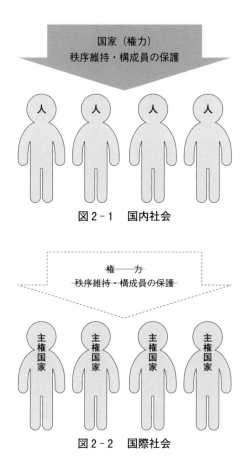

図2-1　国内社会

図2-2　国際社会

社会の秩序を維持し，構成員を保護する役割を持っています．犯罪者が処罰されるのも，損害を被ったときに賠償を受けることができるのも，国家権力が働いているからです．

　それに対し，先ほども述べたように，国際社会には国家の上に立つ権力が存在しません．そしてそのような社会の中で，国家は互いに独立で，他の国家の意思に服することなく，自らの生存をかけ，国としての利益，つまり国益を追求する存在として生きています．好むと好まざるとにかかわらず国家権力に服し，法律等によって課された義務を，賛成，反対を問わず履行しなければならない国内社会の構成員に比べて，国際社会において国家はより自由である，と

いうことが言えるでしょう．しかしそれは，そこでは誰も秩序を維持してくれ
ず，誰も保護してくれないということの裏返しでもあるわけです．

　国際法は，このような国際社会において機能しているルールだということが
できます．ここでもう1つクイズを出しますと，

　国際法を英語で何と言いますか．

---

① Domestic law

② World law

③ International law

　答えは③です．①の domestic law は国際法ではなくて国内法をこのように
言います．国内法は municipal law ということもあります．②の world law は，
直訳すれば「**世界法**」ですが，これは世界全体を律する法ということになりま
す．たとえば国際社会のどこかにすべての国家を拘束する法規則を作る機構，
つまり国際社会の集権的な立法機関があるのだとすれば，そこで作られる法は
world law だといってよいでしょう．しかし，何度もお話ししているように，
国際社会には国家の上に立つ権力はなく，当然立法機関もありません．そこで
③をみてみると，international の inter は〜と〜の間の，という意味ですから，
international law は国と国の間の法ということになります．まさにそのように，
国際法は国際社会において，国と国の間の関係において作られ，機能している
法なのです．より具体的に言えば，国家と国家の間の合意，または少なくとも
国家の同意に基づいているということになります．国家は自ら同意しない限り
いかなる義務も負わない存在である，ということを思い出してください．そし
てその結果，国際法は国家間の合意である**条約**や，国際社会の慣習法である**慣
習国際法**として存在しているのです．

2〉 国際法のかたち

「国際法はどのような形で存在しているのか」，という問いは，「国際法の**法源は何か**」，と言い換えることができます．法の具体的な存在形式のことを「法源」と呼んでいるからです．法源は，大きく，成文法と不文法に分けることができます．成文法とは文章の形で制定された法のことで，制定法という言い方をすることもあります．日本国憲法や，民法，刑法など，すべて成文法ですし，地方自治体が作る条例もそうです．実は，国際法の法源のうち，条約も成文法に分類されます．

それに対し，不文法とは，成文法，制定法ではないが，法規範としての効力を有するものをいいます．たとえばイギリスの憲法は制定法の形態をとっておらず，不文法です．また，不文法の代表的なものに慣習法があります．ある社会の中で，あるいはある特定の分野で人々が交わり行動する中で生まれてくるルールを慣習といい，それは必ずしも文字になっていませんが，それが法としての効力を認められることがあります．たとえば日本の商法の1条2項は，商事，つまり商売に関し，この法律に定めがない事項については商慣習に従い，商慣習がないときは，民法の定めるところによる，と規定していて，民法よりも商慣習，つまり商人の間の慣習に高い優先順位を与えています．

国際法は，成文法である条約と並んで，不文法である慣習国際法（＝国際社会の慣習法）という形態でも存在しています．つまり，国際法の主な法源は条約と慣習国際法である，ということになります．

先に述べたように，国際社会の構成員である主権国家は，自ら同意しない限りいかなる義務も負わない存在です．ということは，裏返せば，国家は自ら同意する範囲内において義務を負う存在である，ということになります．国際法は，こうして国家の同意，それが国家間でなされれば合意，ということになりますが，国家の同意あるいは国家間の合意に基礎をおいているということになります．そして，国家間の合意に基づいて作られ，機能する法源が条約であり，国家の暗黙の同意に基礎を置く慣習法として存在する法源が，慣習国際法ということになるのです．慣習はその性質上，ある程度自然発生的に成立してくる

もので，慣習に従うについていちいち同意を与えるというようなことは行われないのが普通ですから，ここでは同意が暗黙のうちに与えられている，という図式で説明をしているのです．

▷ 国と国との約束──条約

　まず条約です．条約とは，国家間の約束を一般に指して言います[1]．もっとも，国連などの国際機構も条約を締結する権限を与えられていることがあって，条約の当事者になる場合があります．広い意味では，口頭の約束も条約に入ってこないわけではありませんが，通常は文書の形で締結されます．条約は特定の国と国の間の約束ですから，その当事者，国ですから当事国，あるいは締約国のみを拘束し，原則として他の第三国を拘束しません．ただ，条約は二国間で締結される（**二国間条約**，または**二辺条約**といいます）だけでなく，3以上の国によって結ばれる（**多数国間条約**または**多辺条約**といいます）場合もあり，時には国際社会のほとんどの国が当事国となる場合もあります．たとえば国連加盟国は193ですが，言い方を変えれば，国連を設立するために作られた条約である**国連憲章**に，193か国が入っているということになります．そのほかにも条約は，どの国も入ることができる**開放条約**と予め入ることができる国が限定されている**閉鎖条約**，とか，国家間のある事項に関する約束である**契約条約**と，多数国間に共通のルールを確立することを目的とした**立法条約**，とか，締結のための手続をすべて経て作られる**正式の条約**と，一部が省略される**簡略形式の条約**，とか，様々に分類することができます．国連加盟国は締結した条約を国連に登録することになっていますが，2013年3月20日現在で登録条約数は5万569件となっています．

　条約は，以下のような手続で締結されます．

　まず，条約文を作るため，国家から権限を与えられた代表が集まって交渉を行い，条約文が確定すると，代表がそれに**署名**をします．その後，代表たちはそれを自国に持って帰って，自国として最終的にこの条約に入るかどうかの決定が，国内法で条約を締結する権限を与えられている機関において行われます．日本の場合は，条約を締結する権限は憲法上内閣に与えられていますが，条約

に入ることを決定するに際して，国会の同意を経なければならない場合があります（日本国憲法73条3号）．国家がある条約に入る，その条約に拘束される旨の決定をすることを，その条約を**批准**する，といいます．批准を行うに際して，それを示す批准書を作り，二国間条約の場合は相手方の国とこれを交換し，多数国間条約の場合はこれを予め決められた人や機関に預ける，つまり**寄託**します．条約の効力の発生要件はその条約自体が定めることが多いですが，一般に，二国間条約の場合は批准書の交換によって，多数国間条約の場合は寄託された批准書が所定の数になった時点で，効力を発生するとされることが多いです．

　もっとも，先ほど出てきた簡略形式の条約の場合は，国内での手続を省略し，代表者の署名を要件として効力を発生させることが多くあります．国際関係が緊密さを増してきて，非常に多くの条約を締結する必要がある現在の状況の下で，簡略形式の条約が増えてきています．

　さて，条約は国家が自由に表明した意思に基づいて成立するとされています．だから，締結の時に意思の自由がなければ，その条約は無効になります．たとえば，交渉にあたる代表者，彼らは国家を代表して条約交渉にあたる権限を与えられていて，その意思の表明は国家の意思の表明とみなされます．もし，代表者が条約に署名をするに際して，だまされて，つまり詐欺に引っかかって，改ざんされた内容の条約文に署名したような場合，あるいは銃で脅されて署名するように強制されたような場合，条約は国家の自由な意思の表明に基づいていないという理由で無効になります．

　以上は国家の代表者が意思の自由を欠いていた場合の例ですが，では，国家自体が意思の自由を欠いていた場合はどうでしょうか．つまり，この条約に同意しないと戦争を仕掛けて国を滅ぼしてやるぞ，というような形で，相手国から圧力を受けている状況で条約を結ぶような場合はどうなるのでしょうか．伝統的には，このような状況で結ばれた条約は有効であるとされてきました．それはここで問題となる状況の典型が**講和条約**であったからでした．講和条約とは戦争を終わらせるための条約ですが，それは勝者と敗者の間の条約であり，敗者にとってはここで条約に同意しないとさらに痛手を被るという状況で，締結を強制されるということがほとんどです．このような条約を無効にしてしま

うと，戦争をある段階でやめることができなくなってしまい，一方が他方を滅ぼす，国際法的な表現でいえば征服する，というところまでいかないと戦争は終わらないことになってしまう，だから国自体に強制が加えられた状況での条約は有効としなければならなかったのです．これはこれで一応の筋が通った議論ではありましたが，講和条約について，現在では様子が変わってきています．現在の国際法では戦争，より厳密にいうと武力による威嚇または武力の行使は違法とされているからです．違法な戦争の結果，負かした相手と条約を結んで利益を得たとしても，それは違法行為から生じたものだから無効である，という構成が現在ではとられているのです．

▷ 国同士のつきあいのルール──慣習国際法

　次に慣習国際法です．およそある社会の中でその構成員が交際を繰り返していけば，おのずとそこにルールが生まれてきます．それが慣習だということになりますが，それが法と呼ばれるためには，法としての効力を持たねばなりません．先ほど言及した商法 1 条では，商慣習に民法に優先する地位が与えられていましたが，そこでは慣習である商慣習に，商法という制定法が法としての効力を付与しているとみることができます．国際社会においても，国家間の交流，交際が重なっていく中で慣習が生まれてきますが，商法 1 条のように，その慣習に法としての効力を外部から与えてくれるような要素は国際法にはありません．

　では，慣習国際法はどのようにして成立することになるのでしょうか．それには**一般慣行**と**法的信念**という 2 つの要件が必要であるというのが通説です．一般慣行とは，慣習，事実としての慣習と言い換えても構いません．客観的事実として，一般慣行，慣習が成立しているというのが要件の 1 つだということです．一般とついているのは，それが国際社会全般に広まっているということですが，それは必ずしもすべての国がそれに従った行動をしているということを要しないと考えられています．つまり，すべての国が従っているという状況ではなくとも，その慣習，慣行に特に利害関係を有する，主要な諸国がそれに従っていればここでいう一般慣行は成立していると考えられています．たとえ

ば，後で宇宙空間の法的地位に関する慣習国際法規則の話が出てきますが，ご存知のように現在でさえ宇宙活動を行っている国は極めて限られています．しかし，実際に宇宙活動を行っている，つまり特に利害関係を有している，アメリカやその他の主要な諸国の間で慣行となっていれば，一般慣行という要件は満たされると考えられているわけです．次に法的信念ですが，これは一般慣行が慣習国際法成立の客観的要素だとすると，主観的要素ということになります．つまり，諸国が一般慣行に従った行動をとるときに，それが法的義務であると認識していること，というのが法的信念の意味になります．一般慣行が確立したうえで，あるいは徐々に成立していく過程で，それに従うことが国際法上の義務だと諸国が思うようになる，このことによって慣習国際法は成立するということです[2]．

　このように2つの要件がともに満たされるようになるには，一定の時間の経過が必要だと考えられます．実際，また後に出てくる慣習国際法規則としての**公海自由の原則**などは，その成立に200年程度かかったとも言われています．しかし，先ほど言及した宇宙空間の法的地位，つまり，宇宙空間や天体はどの国の領有にも服することはない，という原則は，人類が初めて人工衛星を打ち上げてから10年足らずで慣習国際法規則になったと言われています．そのほか，大陸棚の資源に対する沿岸国の権利については10数年のうちに慣習国際法規則となったと言われています．この2つの例はいずれも第二次世界大戦よりも後の時期の話で，公海自由の原則が確立過程にあった18世紀や19世紀に比べて国際関係の緊密さの度合いが大きくなっていることが，慣習国際法の成立の必要な時間にも影響を及ぼしていると言えるかもしれません．

　また，学説では，時間の経過を必要とせずに慣習国際法規則の成立を認めるべきであるというものも存在しています．その説では通説のような2つの要件を必要とせず，法的信念のみを要件と考えています．たとえばあるルールが国連総会で決議されたとします．それがたとえば全会一致で採択されたとすれば，そこに諸国の法的信念の確立を認めることができ，そこで直ちに，つまりインスタントに，慣習国際法規則は成立するというのです．この説（**インスタント慣習法論**）は慣習法理論としてラディカルですが，それとともに，そもそも国際

社会の立法府の地位にない国連総会に，慣習国際法のインスタントな成立とい
う論理を通じて，実質的に国際法を創り出す機能（立法機能）を持たせようと
していると考えられる点でもラディカルな説であるといえ，大変興味深い考え
なのですが，諸国や国際裁判はなお二要件説をとっているというのが現状です.

注

1）条約に関する国際法規則を規定した条約として，条約法に関するウィーン条約（条約
　法条約，1969年採択，1980年発効）があります．条約法条約は法典化条約（注2）参
　照）の1つで，文書の形で締結される条約について，その締結から終了までにわたる規
　則（条約の締結手続，条約に対する留保，条約の解釈，条約の無効原因および終了原因
　など）を網羅的に規定しています.

2）慣習国際法は，国際法規則として確立していると認められる場合でも，そのままでは
　不文法であり，不文法にとどまる限り，特にその細部にわたって不明確な部分や，諸国
　の認識や解釈が異なる部分が残って，それが紛争の原因になることもあります．そこで，
　慣習国際法規則を成文化する（条約の形にする）作業が行われてきました．それは戦時
　国際法などの法典化を実現したハーグ平和会議（1899年，1907年）に遡ることができま
　すが，法典化作業は国際連盟でも行われ，国連の下では国際法委員会（ILC）がこれを
　任務としています．ILC の法典化作業の成果は，上記の条約法の分野だけでなく，外
　交・領事関係法（外交関係に関するウィーン条約（1961年），領事関係に関するウィー
　ン条約（1963年）），国際刑事法（国際刑事裁判所規程（1998年）），国家責任法（国家責
　任条文（2001年）），など，国際法の広い分野に及んでおり，現在も進められています.

第3話

国際法は
どこまで及ぶの？

はてなの
？
国際法

------------------- INTERNATIONAL LAW -------------------

　大昔，人間は地面を歩き，時には馬に乗り，川，湖や海では筏や小舟を使い，大陸の各地に散らばりました．15世紀半ば以降の大航海時代を経て，その活動領域は地球全体に広がりました．18世紀になると，気球や飛行船が，そして，20世紀初頭には飛行機が発明されたことで，人間は，空域という新たな領域で三次元[1]の活動が可能となりました．20世紀後半に入ると，人工衛星や有人宇宙船を打ち上げ，遂に人間が月面着陸したことで，人間の活動領域は空域を超える宇宙空間や天体にまで拡大していきました．さらに，21世紀初頭には，コンピュータとインタネットが作り出す仮想的空間のサイバー空間が出現しました．現在，私たちは，サイバー空間の活用により便利な生活様式を手に入れることができました．

　このように，人間は，科学技術の発展により，陸，海，空，宇宙（図3-1参照）およびサイバーという5つの活動領域を取得してきました．それに伴い，それぞれの領域での活動を規制する国際法規則が作成され，国際法の適用範囲も拡張されています．ここでは，国際法がどのように適用されるかまだ十分に発達していないサイバー空間を除く，4つの物理的な活動領域に対してどのような国際法規則が適用されるのか，見てみましょう．

1 〉陸地

　国家の成立には，領土が不可欠です（本書第1話参照）．領海のない国（内陸国）

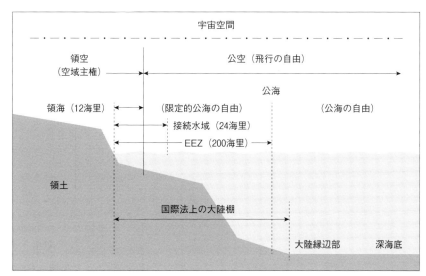

図 3-1　「陸・海・空・宇宙の領域」

はありますが，領土のない国はありません．国家は，自国領域（領土，領海，領空）に対して領域主権を有し，自国の国内法を適用し，その領土を自由に使用・処分することができます（本書第 5 話参照）．

　ただし，国家は，全く自由に自国領域を使用していいわけではありません．そこには，**領域使用の管理責任**があります（本書第10話 1 節参照）．たとえば，自国領域内（カナダ）にある民間企業（トレイル溶鉱所）の排出する煤煙によって他国（アメリカ）の農産物や森林が被害を受けるという越境汚染損害が発生した場合，領域国（カナダ）は他国（アメリカ）に被害を及ぼさないように処置する国際法上の義務があります[2]．

　この考えを基に，1972年に国連人間環境会議が採択した**人間環境宣言（ストックホルム宣言）**第21原則は，「自国の管轄又は管理の下における活動が他国の環境又は国の管轄外の地域の環境を害さないことを確保する責任を負う」と規定しました．これは，他国の領域内だけでなく，国家の管轄外である公海での環境保護義務（たとえば，陸起因の海洋汚染を防止する義務）を課しています．河川，大気および海洋は，国境に関係なく流動することから，今では，国家の領

域使用の管理責任は，国際環境法上の重要な慣習法上の義務となっています．

2 海域

　海域は，国家の主権下にある**領海**といずれの国家にも属さない**公海**にまず分けられます．領海は，領土に接する海域部分で，領土と同様に領域主権が行使されます．領海の幅員について，19世紀後半から20世紀にかけて，国防上の観点から**着弾距離説**が主張され，それに基づく3海里[3]が有力でした．その後の1970年代頃，漁業資源や自国の安全確保の観点から主として発展途上国より領海を拡大する見解が主張されるようになりました．最終的に，1982年の国連海洋法条約では，国家は，基線から12海里[4]を超えない範囲で領海の幅を定める権利があると規定されました（国連海洋法条約3条）．通常，領海は最大限の12海里（22.2km）が設定されますが，12海里未満の領海も存在します[5]．

　もっとも，外国船舶は，沿岸国に対して無害であれば，その領海を航行する権利，**無害通航権**があります（17条）．船舶が武力行使や軍事演習，漁獲活動，調査・測量活動などに従事すれば，それは無害通航とは言えません（19条）．軍艦に無害通航権があるか否かについては，諸国家の見解は一致しておらず，それを認める国（米・露・日）もあれば，事前許可を求める国（中国）や事前通告を求める国（韓国）もあります．潜水船は，領海では，浮上航行し，その国の旗を掲揚する義務があります（20条）．

　沿岸国は，基線から24海里までに**接続水域**を設定し，通関上・財政上（密輸入），出入国管理上（密入国）または衛生上（防疫）の法令違反を防止することができます（33条）．

　沿岸国は，基線から200海里まで**排他的経済水域**（EEZ）を設定し，海底の上部水域ならびに海底およびその下の天然資源（生物資源であるか非生物資源であるかを問わない）の探査，開発，保存および管理のための主権的権利があります（56条）．EEZ は，沿岸国が漁業資源などを確保するために国連海洋法条約で新設された制度であり，日本の EEZ は世界第6位で，陸地（38万 km²）の約18倍の広さ（447万 km²）があります（図3-2参照）．また，沿岸国は EEZ での海洋の

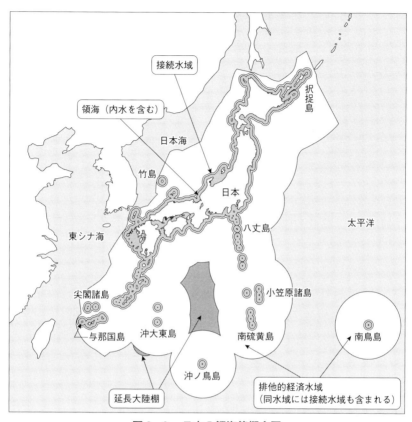

図3-2　日本の領海等概念図

（出所）　海上保安庁 HP（https://www1.kaiho.mlit.go.jp/JODC/ryokai/ryokai_setsuzoku.html）を参照し作成.

科学調査に関する主権的権利を有することから，他国は，沿岸国の同意がなければ，海洋の科学調査を行うことができません（246条）.

　第二次世界大戦後に石油や天然ガスが埋蔵される海底油田の開発が本格化したことから，**大陸棚**が注目されるようになりました．国際法上の大陸棚は，沿岸国の領海を超える海面下の区域の海底およびその下で大陸縁辺部の外縁に至るまでのものか，または大陸縁辺部の外縁が200海里まで延びていない場合には200海里までの海底およびその下を指します（76条）．沿岸国は，その大陸棚に対して主権的権利を保有しています（77条）.

　時として，隣国間で大陸棚の地下資源を巡る争奪問題が，境界画定問題として発生します．当該問題に関連する国際判例では，以前，大陸棚が自然に延びている所までとする**大陸棚自然延長論**を採用する判例（1969年の北海大陸棚事件判決）もありました．しかし，最近では，衡平な解決を達成するために，まず，暫定的に等距離・中間線を引き，関連する諸事情を考慮して暫定的な中間線を修正して最終的な境界線を確定する判例（1985年のリビア・マルタ大陸棚事件判決など）が多く見られます．

　日本・中国間で，1969年に国連報告書で東シナ海に石油埋蔵の可能性が指摘されたことから，東シナ海の大陸棚境界画定問題が浮上してきました．中国は自然延長論を，日本は**中間線論**を主張してきました[6]．他方，中越間のトンキン湾境界画定問題では，ベトナムによる自然延長論に対抗して，中国は，東シナ海での主張の真逆となる中間線論を主張しました．交渉の結果，2000年12月の**中国・ベトナム間トンキン湾境界画定協定**では，中間線論に基づき境界線が確定しました．中国は，大陸棚自然延長論と中間線論を自国の都合に合わせて使い分けているように見えます．このような最近の国際判例や境界画定協定の動向を踏まえて，日中間の大陸棚境界画定問題が解決されることが望まれます．

　公海は，内陸国を含むすべての国家に開放され，**公海の自由**（航行，上空飛行，海底電線や海底パイプラインの敷設，漁獲，科学的調査などの自由）があります（87条）．前述のEEZ内でも，公海制度と矛盾しない限り，公海の自由（漁獲や科学的調査を除き，航行，上空飛行，海底電線や海底パイプラインの敷設の自由）が認められます（58条）．国家間で公海の自由の行使が抵触することもあるので，国家は，公海の自由を行使する他国の利益に**妥当な考慮を払う義務**があります（87条）．たとえば，国家が公海上で軍事演習をする場合，関係の国際機関や諸国家への事前通報や危険水域の設定・公示が必要となります[7]．

　さらに，国家は，公海を主権下に置くことができません（89条）が，自国を**旗国**[8]とする船舶を公海で航行させる権利があります（90条）．

　大陸棚を超えた所は，**深海底**と言います．1960年代後半，深海底にソフトボール大のマンガン団塊（マンガン・ノジュール）が大量に存在することが判明します．それには，ニッケル，コバルト，マンガン，銅などの鉱物資源が豊富

に含まれていることから，先進国間でマンガン団塊の獲得競争が始まりました．

　その機先を制する形で，1967年の国連総会でパルド・マルタ代表が，海底資源は**人類の共同の財産**であると提案します．それを契機に，深海底資源の開発制度を検討する国連海底平和利用委員会が設置され，1970年の国連総会で**深海底原則宣言**（決議2749）が採択されました．同宣言の内容が，そのまま1982年の国連海洋法条約第11部に反映され，深海底とその資源が人類の共同の財産であること（136条），国家の主権的権利を主張し得ないこと（137条），発展途上国の利益やニーズに特別の考慮を払って，深海底の経済的利益の衡平な配分を行うこと（140条）などが規定されました．

　しかし，深海底の探査・開発の技術のある先進国は，発展途上国を優遇する平等分配の深海底開発制度に不満を持ち，海洋法条約の採択後も同条約を批准しませんでした．深海底開発制度は先進国の技術と資金を前提にしているので，発展途上国は先進国と妥協せざるを得ず，海洋法条約第11部を修正する**国連海洋法条約第11部実施協定**が1994年に採択されました[9]．こうして，海洋法条約と実施協定は，単一の文書として解釈・適用され，両者が抵触する場合，実施協定が優先することになりました（実施協定2条）．

　国連海洋法条約では，**島**の制度も規定されています（121条）．島とは，高潮時[10]（＝満潮時）においても水没しないものを指し，独自の領海，接続水域，EEZ および大陸棚が付随しています．他方，「人間の居住又は独自の経済的生活を維持することのできない」**岩**は，領海を設定できても，EEZ や大陸棚を有しません[11]．日本は，太平洋上に位置する日本の最南端の領土である**沖ノ鳥島**を EEZ の拠点とする島であると主張しています．他方，中国は EEZ を持たない岩であると反論しています[12]．今後，日本は，沖ノ鳥島の「独自の経済的生活の維持」をどのように実行しているのか・するのかがその法的地位の焦点となるでしょう．

③〉**空域**

　1903年にライト兄弟が発明した飛行機によって，国境を自由に越えて空間移

動することが可能となりました．そのため，国際法上，国家領域の上空をどう
位置づけるかが問題となりました．飛行機の発明当初，公海上空と同様に開放
された自由な空間と位置づける**空域自由説**と領域国（**下土国**）の主権下に属す
ると位置づける**空域主権説**が対立していました．結局，安全保障の観点から，
国家は，その領域（領土および領海）上の空域に対して完全かつ排他的な主権
（**空域主権**）を保有すると位置づけられました（1944年の国際民間航空条約1条）．下
土国の同意がなければ，他国の航空機は領空を飛行し，その領域に着陸するこ
とができません．また，領海で認められた無害通航権に類似した権利は，空域
では認められません．そのため，下土国の同意なく領空に少しでも侵入すれば，
それは，国際法違反の**領空侵犯**となります．

　通常のジェット旅客機（800-900 km/h）でも領海上空通過に2分もかからない
ことから，1950年の朝鮮戦争以降，防空の観点から，領空外の公海上空に**防空
識別圏**（ADIZ）を設定する国家が増えました．通常，民間航空機は，**国際民間
航空機構**（ICAO）に事前に飛行計画を提出し，飛行中にICAOの設定した飛
行情報区（FIR）の管制センターに位置報告をします．したがって，飛行計画
と位置報告のない飛行機は，**国籍不明機**（unknown）となります．日本の場合，
国籍不明機の情報を得た航空自衛隊機が，日本領域へ接近中の当該機に領空侵
犯させないように**緊急発進**（スクランブル）します（図3-3参照）．

　領土と領海の上空にある領空は，領土から12海里（22.2 km）の地点までであ
り，領空の外では，国際法上，飛行計画の提示や位置報告なしでも飛行の自由
が認められています．ADIZは，自国の防衛措置の準備のために，あくまで国
内法に基づいて設定される空域であり，国際法制度ではありません．ADIZ内
では，迎撃機は，自衛権の行使を除いて，国籍不明機に侵入防止の警告を発す
ることしかできません．

　ADIZ内での警告を無視して領空侵犯した場合の領空侵犯機に対する迎撃手
続きは，まず，無線連絡による侵入機への退去要求，無線連絡や翼を振るなど
の国際信号による最寄りの空港への強制着陸誘導，それらに従わない場合に警
告射撃の実施へと進んでいきます．それでも侵犯機が迎撃機の指示に従わない
場合に，必要に応じて**武力行使**（撃墜）が実行されることがあります[13]．この迎

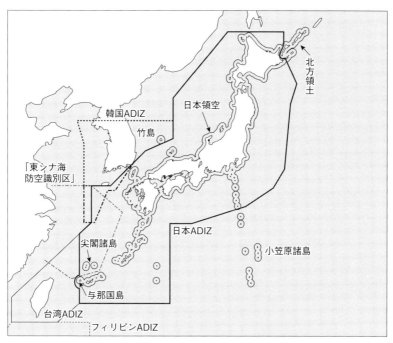

図3-3　日本および周辺国の防空識別圏

（出所）　防衛省HP（https://www.mod.go.jp/asdf/about/role/role02/index.html）を参照し作成.
（注）　2013（平成25）年12月，韓国が防空識別圏を拡大.

撃手続きは，機種（民間機か軍用機か），目的（偵察か亡命か），原因（天候か航法ミ
スか）に関係なく，進められます.

　最終的には，法益侵害の程度により，領空侵犯機の撃墜もあり得ますが，民
間機を撃墜した場合，甚大な被害が発生します. 1983年にソ連機が2度にわた
り領空侵犯した大韓航空機を撃墜し，乗員乗客全員269名が死亡した事件が発
生しました（**大韓航空機撃墜事件**）. この事件の反省から，自衛権の行使を除き，
民間航空機に対する武器の使用を差し控える規定が追加されました（国際民間
航空条約3条の2）.

38

4 宇宙空間

　従来，人類は宇宙や天体を地球上から観測するだけで，その活動領域にすることができませんでした．しかし，1957年10月にソ連の人工衛星スプートニク1号[14]が打ち上げられて以降，人類は宇宙活動に踏み出しました．1961年4月にソ連のガガーリン少佐による有人宇宙飛行（アメリカは1961年5月，中国は2003年10月），1969年7月にアメリカ・アポロ11号による有人月面着陸，1998年から国際宇宙ステーション[15]の建設開始，2000年からそこでの宇宙飛行士の長期滞在へと，人類の宇宙活動が急速に拡大してきました．

　ソ連・アメリカの人工衛星の打ち上げ直後の1958年に，国連総会は，宇宙空間の探査・利用問題を議題に取り上げ，翌年に常設の宇宙空間平和利用委員会（COPUOS）[16]を設立しました．同委員会の支援の下，国連総会は，1963年に「宇宙空間の探査及び利用における国家活動を律する原則宣言」を採択し，1966年に同宣言を基にした「月その他の天体を含む宇宙空間の探査及び利用における国家活動を律する原則に関する条約（宇宙条約）」を採択しました．宇宙条約は，「宇宙の憲法」と称されるように，宇宙法の枠組みを設定しており，宇宙法の発展の出発点となった条約です．

　その後，1968年の宇宙救助返還協定，1972年の宇宙損害責任条約，1975年の宇宙物体登録条約，1979年の月協定が採択されました．しかし，残念なことに，全会一致方式を取るCOPUOSの加盟国が増加するにつれて，宇宙活動での各国の利害関係が対立するようになり，1980年代以降，宇宙関連条約は採択されていません．その代わりに，COPUOSは，法的文書ではなく，国連総会決議の勧告的な原則宣言[17]を4つ採択しています．このように，宇宙法は，5つの条約（法的拘束力のあるハード・ロー）と7つの原則宣言（法的拘束力はないが，勧告的意義のあるソフト・ロー）などから構成されています．

　では，宇宙条約から，宇宙法の基本原則を見てみましょう．すべての国は，平等原則に基づき，月その他の天体を含む宇宙空間を自由に探査し利用することができ，天体のすべての地域に自由に立ち入りができます（1条：探査利用の自由）．他方，宇宙は，国家による取得の対象ではならず，領有権の主張は禁

©JAXA

図 3 - 4　地球周辺の宇宙ゴミ（スペース・デブリ）

（出所）　JAXA HP（https://www.kenkai.jaxa.jp/research/debris/debris.html）を参照し作成.

止されています（2 条：宇宙の領有禁止）. そして, 宇宙の平和利用に関して, 核兵器および他の種類の大量破壊兵器を運ぶ物体を地球の軌道に乗せないこと, 当該兵器を天体に設置しないこと並びに当該兵器を宇宙空間に配置しないことが規定されました（4 条：宇宙の平和利用）. さらに, 天体に軍事基地, 軍事施設および防備施設の設置, あらゆる兵器の実験並びに軍事演習の実施も禁止されています（4 条）.

　よく見ると, 宇宙条約は, 宇宙を宇宙空間と天体に区分して, 天体はもっぱら平和的目的のために利用されなくてはならないと規定され, その非軍事化を達成しています. 他方, 宇宙空間は, 大量破壊兵器の軌道配置や宇宙空間での配置を禁止しただけで, それ以外の軍事活動は禁止されていません. たとえば, 軍事衛星（偵察・監視・情報収集. 通信など）は自国防衛のため必要であり, 禁止されていません. これは, 宇宙の平和利用とは, 「非侵略」を意味するのであって, 「非軍事」ではないことを示しています.[18] このように, 宇宙空間での人工衛星は, 防御的（合法的）な軍事活動の一環として活用され, 本格的に軍事作戦に人工衛星を活用した1991年の湾岸戦争は「初めての宇宙戦争」とも言われています. 現在は, 宇宙空間での激烈な軍拡競争が, 米・中・露を中心に展開されています.[19]

　宇宙の軍拡競争と並んで, 今, 最も懸念されている事案は, 宇宙活動が盛んになるにつれて増えるスペース・デブリ（space debris, 宇宙ゴミ）問題です[20]（図

3-4参照).スペース・デブリとは,機能停止や制御不能の人工衛星,打ち上げ用ロケットの本体・部品・破片などです.その数は10cm以上の物体が約2万個,1cm以上は50-60万個(衝突すると宇宙船に壊滅的被害を与える),1mm以上は1億個を超えると言われています(本書第10話6節参照).軍拡競争やスペース・デブリを含む宇宙空間での諸問題を取り扱う宇宙空間行動規範(ハードローおよびソフトロー)の早期の策定が望まれています.

注

1) 人間による三次元活動は,空域だけに限らず,海域でも従来の海面上だけでなく,海中でも潜水船(艦)の発明により活動が可能となりました.アメリカ側が,アメリカ独立戦争中の1776年にタートル潜水艇をはじめて実戦使用しました.その後の第一次世界大戦では,ドイツが潜水艦(通称,Uボート)による通商破壊作戦を実施しました.

2) 1941年のトレイル溶鉱所事件のアメリカ・カナダ仲裁判決.

3) 地球上の経度1分(1度の60分の1)の長さを1海里(nautical mile)とし,1852mとなります.海上での船舶の速度は,毎時1海里の速度を1ノット(knot)=1852m/hで表わします.ちなみに,陸上でのマイル(mile)は1609mで,野球の100マイル投手とは時速160kmでボールを投げる投手を指します.陸と海では,マイルの長さが違うので,注意しましょう.

4) 基線とは,領土が最大になる干潮時の海岸線(低潮線)を指します.

5) 日本は,1977年の領海・接続水域法で,宗谷海峡,津軽海峡,対馬海峡東水道,対馬海峡西水道,大隅海峡の5**特定海域**に領海3海里を設定しています.韓国も対馬海峡西水道の領海を3海里に留めています.

6) 中国は,日中間の中間線を越えて南西諸島付近の沖縄トラフ(舟状海盆:細長い海底盆地)まで大陸棚が延びて,そこで分画されると主張します.他方,日本は,沖縄トラフを通常の海底形状とみて,日中間の大陸棚は連続していると反論し,その境界は中間線であると主張しています.

7) 北朝鮮は,1998年8月31日のテポドンミサイル発射に際して,国際海事機関(IMO)や国際民間航空機関(ICAO)に事前通告していなかったことから,当該義務に違反したと言えます.

8) 船舶は国籍(船籍)が付与され,**船籍国**の国旗掲揚権を持ちます.そのため,船籍国・登録国は旗国(Flag State)とも称されます.旗国は,公海上の船舶に対して管轄権を行使します.

9) 国連海洋法条約は,1982年4月30日に採択され,1994年11月16日に発効しました(2021年1月1日現在の当事国数は167か国+EU).第11部実施協定は,1994年7月28日

に採択され，1996年 7 月28日に発効しました（149か国＋EU）.

10）低潮時には水面上にあるが，高潮時に水没する陸地を低潮高地と言います（13条）.
中国が高潮時に水没する岩礁を埋め立てしたとしても，元は低潮高地であり，それ自体，
領海を有しません.

11）岩には，人が住んでいないので，接続水域の設定は必要ありません.

12）2016年の南シナ海仲裁判決において，裁判所は，土地の埋め立てによって岩を完全な
権限を有する島に変えることはできないと判示し，中国の主張するいくつかの礁を岩と
認定しました.

13）日本の領空侵犯事案は，1958年から現在（2022年 4 月 1 日）まで45回を記録していま
す．領空侵犯機への警告射撃回数は 1 回（1987年バジャー領空侵犯事件），武器使用回
数は 0 回　緊急発進回数（2021年度）は1004回となっています.

14）人工衛星を打ち上げるロケット技術は軍事的に大陸間弾道ミサイル（Inter-Conti-
nental Ballistic Missile, ICBM）技術を意味します．アメリカは， 3 か月後の1958年 1
月に人工衛星エクスプローラー 1 号を打ち上げましたが，ソ連の宇宙科学技術の優位性
および軍事的脅威という 2 重の危機感を持ちました．それを**スプートニク・ショック**と
称します.

15）日米欧露の15か国が参加する国際宇宙ステーションは，2024年まで運用することは決
まっていますが，それ以降の予定は決まっていません．他方，中国は独自に宇宙ステー
ション天宮の建設作業を行っており，2022年には完成する予定です.

16）加盟国は，当初24か国でありましたが，2021年 7 月現在，日本を含む95か国に増加し
ています.

17）1982年の直接放送衛星原則，1986年のリモート・センシング原則，1992年の原子力電
源利用原則および1996年の宇宙活動共通利益原則.

18）日本は，当初，宇宙の平和利用とは非軍事であると解釈して，自衛隊が人工衛星の利
用を禁止していました．その後，日本は，1998年の北朝鮮によるテポドン発射事件によ
り情報収集衛星を導入し，そして，2008年の宇宙基本法の制定により，「非軍事」から
「非侵略」に法解釈を変換しました.

19）2021年11月15日にロシアは，地上からのミサイルで人工衛星を破壊する実験を実施し
ました．その結果，1500個以上のスペース・デブリが発生しました.

20）今まで打ち上げられた人工衛星や宇宙船は約 1 万基ありますが，2021年 9 月16日現在，
地球を周回している衛星は7941基あります.

------------------------------ HATENA ------------------------------

第 4 話

どこまで日本？

はてなの
？
国際法

------------------------------ INTERNATIONAL LAW ------------------------------

　私たちが日常生活を送っている日本の領土・国土は，国家の構成要件の１つであります（本書第１話を参照）．本話では，日本の領土にまつわる話題を取り上げたいと思います．

1 ＞ 日本の領土

　まず，どこまでが日本の領土なのか，領土の範囲について考えます．現在の日本は，陸地での国境線はなく，すべて海に囲まれた面積37.8万 km^2（世界第61位）の領土を保有しています．これは，第二次世界大戦で日本が敗戦した結果，連合国とのサンフランシスコ対日講和条約（日本国との平和条約，1951年９月署名，1952年４月発効）によって決められました．日本は，(a)朝鮮の独立を承認して，済州島，巨文島および鬱陵島を含む朝鮮，(b)台湾および澎湖諸島，(c)千島（クリル）列島並びに樺太の南半分および近接諸島，(d)日本の委任統治下にあった太平洋諸島，に対する領土主権を放棄しました（2条）．その講和条約の基となったのが，ポツダム宣言（1945年７月26日，８月14日受諾）です．そこには，「カイロ宣言[1]の条項は，履行せらるべく，又日本国の主権は，本州，北海道，九州及四国並に吾等の決定する諸小島に局限」（8項）されると規定されています．

　日本の領土は，ポツダム宣言と講和条約によって，明治維新の頃と同じぐらいの規模に縮小されたわけです．しかし，それで日本の国境線がすべて確定し

たわけではありません．日本は，(a)について韓国と竹島，(b)について中国と尖閣諸島，(c)についてロシアと北方領土，という領土をめぐる法解釈が一致していません．領土問題は，国家主権をめぐる問題ですから，その面積の大きさいかんにかかわらず，政治的解決が非常に困難な課題です．まず，その歴史的経緯を踏まえて，政治的解決の基となる法的解釈を考えてみましょう．

▷ 竹島

　竹島は，島根県隠岐諸島から北西158kmの日本海に浮かぶ2つの島（男島と女島）および岩礁から成る群島を指します．総面積は，0.2km²で，東京都の日比谷公園とほぼ同じ広さです．講和条約には，日本が放棄した朝鮮領域の中に「竹島」が含まれていません．講和会議前に条約草案を知った韓国は，日本が放棄する朝鮮領域に独島（竹島の韓国名称，Dokdo）を挿入するようにアメリカに7月に提案したものの，アメリカは，竹島は日本の領土であるとの解釈から，韓国提案を8月に拒否します．そのために，李承晩大統領は，講和条約発効前の1952年1月に，海洋主権宣言（いわゆる李承晩ライン[2]）を国際法に違反して一方的に設定し，そのライン内に竹島を取り込みました（図4-1参照）．それ以降，

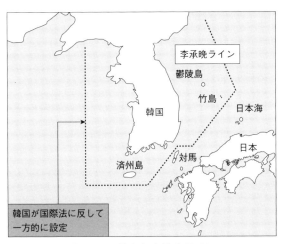

図4-1　竹島と李承晩ライン

（出所）　外務省HP（https://www.mofa.go.jp/mofaj/area/takeshima/g_senkyo.html）を参照し作成．

韓国は，竹島に近づく日本漁船の拿捕や海上保安庁の巡視船への発砲など実力を行使して，竹島を事実上支配し，現在に至っています[3].

　もともと，竹島は，日本人によるアワビ漁やアシカ漁などが盛んに行われ，江戸時代初期の17世紀半ばには，日本の領土として確立していました．改めて，1904年に島根県隠岐島民がアシカ漁事業の安定化のために，竹島の領土編入と10年間の貸下げを願い出たことにより，日本政府は，1905年1月に竹島編入の閣議決定により竹島の領有意思を再確認しました．

　領土編入は，日露戦争の真っ最中（1904年2月-1905年9月）に行われ，その後，1905年11月に日韓保護条約や1910年の韓国併合条約へと繋がります．韓国は，竹島の領土編入を植民地支配の先駆けと位置づけて，日本の竹島領有を真っ向から否定しています．日本は，国際法的解決のために，1954年，1962年および2012年に竹島領有問題を国際司法裁判所（ICJ）に付託することを韓国に提案しました．しかし，残念ながら，韓国は，領土紛争は存在しないとの立場から，日本の提案を拒否しました[4]．1965年の日韓基本条約に至る交渉でも，竹島問題は解決されませんでした．

　竹島問題は，韓国側により強硬な対日外交政策の象徴としてしばしば政治利用[5]されることもあり，全く解決の目途が立たない状態です．これは，喉に刺さった小骨のように，日韓関係にとって望ましい状況ではありません[6]．竹島がどちらの国に帰属するにせよ，国家的な威信や面子にこだわらずに，国際法に基づく第三者機関による解決方法（国際司法裁判所への付託）が公平で公正なように思われます．その方が，日韓間の和解にとって遠回りのようで近道かもしれません．

▷ 尖閣諸島

　尖閣諸島とは，魚釣島，北小島，南小島，久場島，大正島などの東シナ海に浮かぶ島々の総称です．総面積は，5.53 km^{2}で，富士五湖の河口湖とほぼ同じ広さです．日本は，同諸島がどの国の支配も及んでいない無主地であると確認[7]した上で，1895年に沖縄県への編入の閣議決定をしました．また，同諸島が1895年の日清講和条約によって日本に割譲された「台湾全島及其ノ付属諸島

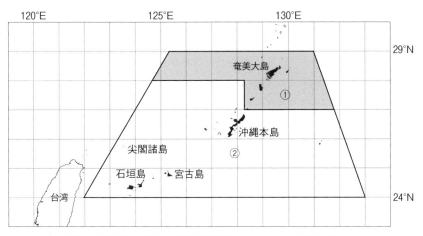

①米国民政府布令第68号（琉球政府章典）で示された琉球の範囲
　（1952年 2 月29日）
②米国民政府布告第27号（琉球列島の地理的境界）で示された琉球
　の範囲（1953年12月25日）

図 4 - 2　奄美諸島および琉球諸島の本土復帰

（出所）　内閣官房領土主権対策企画調整室 HP（https://www.cas.go.jp/jp/ryodo/img/data/pamph-senkaku.
　　　　 pdf）を参照し作成.

嶼」に含まれていないことも，条約交渉で日清両国とも確認しています．領土
編入後に他国からの抗議も一切なく，日本の民間人がそこに移住し，鰹節工場
などの事業を1940年まで展開していました．第二次世界大戦後，沖縄県の一部
としてアメリカの施政権下に置かれた尖閣諸島は，1971年の沖縄返還協定に
よって施政権返還対象地域として日本に返還されました（図 4 - 2 ②の部分参照）．
その少し前の1969年に，国連アジア極東経済委員会は，東シナ海に石油埋蔵の
可能性があるとの地質調査報告書を公表しました．
　1970年まで尖閣諸島の領有権を全く主張していなかった中国は，沖縄返還協
定の発効前の1971年12月に，初めて釣魚島（魚釣島の中国名，Diaoyu Dao）は中国
の領土であると主張し始めました．1972年の日中国交正常化や1978年の日中平
和友好条約の交渉過程では，その議題は取り上げられませんでしたが，中国側
は，一方的に棚上げ・現状維持に言及しました．しかし，日本側は，尖閣諸島
を領土編入以降一貫して実効支配し，そもそも領土問題は存在しないという立

場であり，中国側の棚上げ・現状維持発言に同意する必要も同意した事実もありません．もっとも，日本は，現在に至るまで，中国への外交的配慮から，尖閣諸島への立ち入りを禁止し，事実上の棚上げ・現状維持政策を取っています．他方，中国は，棚上げ・現状維持を主張しながら，1992年に1958年の領海宣言に言及されていなかった「釣魚島」を含む領海法を制定しました．

　2010年9月の中国漁船衝突事件[9]および2012年9月の尖閣諸島国有化事件[10]などその時々で，中国側は，既成事実の積み重ねにより尖閣諸島の領有権を主張することで，力任せに日本側に領土問題の存在を認めさせようとしています．現在も，中国公船が，ほぼ毎日，尖閣諸島付近の接続水域に出現し，しばしば領海に侵入しています．

　中国の領有権主張の1つの根拠は，尖閣諸島は無主地ではなく，元々，中国領であったというものです．その考えの根底には，華夷秩序または中華思想[11]があります．つまり，中国と朝貢関係にあった琉球王国は中国の影響力の範囲（版図）内にあり，朝貢貿易の航路であった尖閣諸島は中国の領土であるという論法です．しかし，国際法では，国家がその領域内で実効支配するという領域主権を持つ独立した存在です．先占の法理では，実効支配が重要な要件であって，影響力の問題ではありません．

　領土問題は，法解釈を含めて，国際法に基づいた議論が最優先させるべきです．中国の領有権主張も，力を背景とした現状変更よりも，日本が韓国に申し出たように，国際司法裁判所への付託が，相手国の国民感情を逆なですることなく，最も国際社会に説得的な解決方法であると思われます．その場合，日本は，韓国のように，領土問題は存在しないといって裁判付託を拒否するのではなく，領土問題が存在しないこと（＝日本に領有権があること）を確認するために裁判付託に合意することが，法の支配を標榜する日本にとって最良の選択肢ではないでしょうか．

▷ 北方領土

　日本が固有の自国領と主張している「北方領土」とは，根室半島沖に位置する歯舞群島，色丹島，国後島，択捉島の4島を指します（図4-3参照）．総面積

図 4 - 3　北方領土

（出所）　外務省 HP（https://www.mofa.go.jp/mofaj/area/hoppo/hoppo.html）
を参照し作成.

は，5000 km^{2}で，千葉県や福岡県とほぼ同じ広さです．日露・日ソ間の領土に
関する歴史的経緯を振り返ると，まず，1855年の日露通好条約は，択捉島と
得撫島の間に国境線を引き，択捉島は日本に，得撫島より北のクリル諸島はロ
シアに属すること，そして，樺太は国境線を引かずに日露混在の地とすること
を規定しました．日露混在の地である樺太で紛争が生じるのは自然の成り行き
で，紛争解決のために，20年後の1875年に樺太千島交換条約が締結されます．
そこで，日本は，樺太の分割統治よりも北海道開拓に注力することを選択して
樺太を放棄します．その代わりに「クリル群島」，すなわちカムチャッカ半島
沖の占守島から得撫島までの18の島を取得します．ここでも，クリル諸島と
は，北方四島を除く得撫島から占守島までを指しています．その後，日露戦争
が勃発し，1905年の日露講和（ポーツマス）条約により，樺太南部と周辺島嶼が
日本に割譲されました．
　第二次世界大戦期の1945年2月に，米・英・ソの3か国で戦争方針に関する
ヤルタ協定が合意されます．それによれば，ドイツ降伏後の3か月後にソ連が

対日参戦するための条件として，樺太の南半分と隣接諸島のソ連への返還（be returned）および千島列島のソ連への引き渡し（be handed over）が合意されました[12]．もっとも，このヤルタ協定は，日本の知らない秘密協定であり，日本に対する法的拘束力はありません．そして，日本は，1945年8月14日にポツダム宣言を受諾し，9月2日に降伏文書を調印します．ソ連軍は，千島列島を占領した後に，8月28日から9月5日までに北方四島を占領しました．翌46年2月に，ソ連は北方四島を自国領に編入しました．

ソ連は対日講和会議には参加していましたが，条約当事国にはなっていません．しかし，そこでの千島列島と樺太の放棄は，連合国に対する義務（対世的義務）なので，ソ連が条約締約国でなくとも，日本はそれに拘束されます．そこで重大な法的問題となるのが，講和条約で放棄された千島列島（Kurile Islands）の地理的範囲はどこまでかということです．日本は，講和会議頃，北千島・南千島（択捉島と国後島）という表現を使い，南千島は日本領であると主張し，北海道の一部を構成する歯舞島と色丹島は千島列島に含まれないと説明しました．アメリカも，当該会議で歯舞群島が千島列島に含まれないと発言しています．

その後の1956年2月に，日本は，以前の説明方法を撤回し，択捉島と国後島は千島列島に含まれない[13]という公式見解に変更しました（現在もその立場を取っています）．そして，同年10月に，日ソ共同宣言という条約が締結されます．それによれば，日ソ間の平和条約が締結された後に，ソ連は，「日本国の要望にこたえかつ日本国の利益を考慮して，歯舞群島及び色丹島を日本国に引き渡す[14]」ことになっています．

日本は，一度も外国領土となったことがない北方四島の現状をカイロ宣言での領土不拡大原則に違反する「不法」占拠と捉え，4島返還を要求し続けています[15]．他方，ロシアは，日ソ共同宣言の規定（歯舞島と色丹島の2島引き渡し）以上の領土問題はないという立場を取っています．日ソ共同宣言で国際法的には戦争状態が終了しましたが，領土問題の未解決状態が続く限り，日露間の心理的距離は縮まることはないでしょう．

2〉日本に返還された領域

　次に，同じ日本の領土ですが，講和条約後に本土に復帰した領土を取り上げます．

　1945年9月2日の降伏文書調印の他に，9月7日の琉球列島における降伏文書調印がありました．それ以降，日本は，連合国軍最高司令官総司令部（GHQ/SCAP）によって占領されます．その指令第677号（SCAPIN-677）は，伊豆諸島，小笠原諸島，南西諸島，竹島，鬱陵島，済州島，千島列島，色丹島および歯舞群島を日本の行政権行使の範囲から除外しました（1946年1月29日）．伊豆諸島（1946年3月22日）およびトカラ列島（1952年2月10日）は，サンフランシスコ講和条約発効前に日本の行政権内に復帰しました．

　日本は，講和条約によって主権を回復しましたが，日本のすべての領土が，主権回復したわけではありません．講和条約により，北緯29度以南の南西諸島（琉球諸島や大東諸島を含む），小笠原群島，沖ノ鳥島や南鳥島は，アメリカの施政権下に置かれることになりました（3条）[16]．すなわち，それらの地域は，独立国家として国際社会に復帰した日本とは分離され，アメリカの施政権下に置かれたということになります．もっとも，日本は，前述のような領土権の放棄（2条）と異なり，それらの地域に対する施政権・行政権を持たないけれども，残存主権（潜在的主権）を保持しており，日本国籍の維持も可能となりました．これらの地域が，後の本土復帰に繋がります．なお，南西諸島では，琉球列島米国民政府が，行政，立法および司法の権限を持つ琉球政府（代表はアメリカ指名の行政主席）を介して間接統治を行いました[17]．

▷ 奄美諸島

　アメリカの軍政下にあった奄美諸島で活発な日本復帰運動が行われた結果，「奄美諸島返還協定」が，講和条約発効後の翌年の1953年12月24日に締結され，翌25日に奄美諸島は，日本に返還されました（図4-2 ①の部分参照）．

▷ 小笠原諸島

　太平洋に浮かぶ無人島の小笠原諸島は，1800年代に捕鯨船の寄港地として利用され，1830年には，欧米人と太平洋諸島民が定住し始めました（本書第3話図3-2参照）．そのために，江戸幕府は，1862年に各国駐日代表に小笠原諸島が日本領であることを通告し，開拓に乗り出します．しかし，幕末の混乱から開拓は一時中断されましたが，明治政府は開拓を再開させ，1876年に同諸島の日本統治を各国に通告し，同諸島の日本領有が確定します．小笠原諸島は，第二次世界大戦後にアメリカの占領下に，そして，講和条約後にアメリカの施政下に置かれます．1962年3月にケネディ米大統領は，同諸島が日本領であることを言明し，ようやく，1968年4月に日米間で「小笠原諸島返還協定」が署名され，同諸島の日本復帰が実現しました（発効6月）．本土復帰後に元島民は，父島や母島には帰島できましたが，民間人は，硫黄島に墓参以外，原則として立ち入りが禁止されています．現在，硫黄島は，航空自衛隊および海上自衛隊が駐留し，日米両国の軍事活動拠点として使用されています．

▷ 南西諸島（琉球諸島や大東諸島）

　沖縄（ここでは，南西諸島と言わず，わかりやすく沖縄と称します）は，なかなか本土復帰が実現できませんでした（図4-2②の部分参照）．というのも，沖縄は，朝鮮戦争（1950-1953年），台湾海峡危機（1954-1955年，1958年）およびベトナム戦争（1960年代）により，その最前線基地としての軍事的価値がアメリカにとって高くて極めて重要な戦略的拠点と認識されるようになりました．沖縄返還問題は，他の地域と異なり，深く安全保障問題と関連しています．時あたかも，日米安保条約の自動延長問題も絡んでいました．しかし，沖縄駐留のアメリカ軍が増大すればするほど，沖縄ではアメリカ軍に関連する事件・事故も多発します．本土復帰運動も，一層活発化し，純粋な国民感情由来のものから反米・反戦的なものまで幅広く拡大していきました．

　そのような状況の中で，アメリカは，活発な沖縄返還運動を考慮して，在沖縄の基地機能の確保を条件に施政権の返還に応じるようになりました．日本は非核三原則（持たず，作らず，持ち込ませず）に基づく「核抜き・本土並み」とい

う立場で交渉します．他方，アメリカは沖縄基地の自由使用と有事の核再持ち
込みを主張して，日米協議は難航しました．そして，遂に，1971年6月に「沖
縄返還協定」を締結しました（発効1972年5月）.

　沖縄は，念願かなって日本に復帰したのですが，本当に「核抜き・本土並
み」になったのかについて議論がありました．というのも，1969年11月の佐
藤・ニクソン会談で，公表された共同声明とは別に，非公式の「合意議事録」
が作成され，有事における核の再持ち込みが合意されたからです．しかし，そ
れは，現在，佐藤内閣の後継内閣を拘束する効力を持っていなかったので，必
ずしも密約ではなかったと解釈されています．沖縄は，本土復帰後も，アメリ
カ軍基地が密集し，アメリカ軍関連の事件・事故が引き続き発生している現状
があります．

▷ 沖ノ鳥島

　サンゴ礁から成る沖ノ鳥島（東小島と北小島）は，太平洋に浮かぶ日本最南端
の島で，小笠原諸島に属します（本書第3話 図3-2参照）.低潮時（干潮時）には，
低潮線を基線とするために，面積は5.78km²ありますが，高潮時（満潮時）に
東小島は約6cmが，北小島は約16cmが海面上に現れます．そのために，沖
ノ鳥島は，高潮時に水没する「低潮高地」ではありません（海洋法条約13条）.
なお，低潮高地は，それ自体領海を持ちません．沖ノ鳥島も，1968年の小笠原
諸島返還協定によって日本に返還されました．現在，沖ノ鳥島は，浸食防止の
ために消波ブロックの設置と護岸工事が施されています．

　本土復帰について全く問題はないのですが，沖ノ鳥島は，海洋法条約上の
「島」か「岩」かの議論があります．海洋法条約121条によれば，高潮時に水面
上にある「島」は，領海，接続水域，排他的経済水域および大陸棚を保有する
ことができます．他方，人間の居住または独自の経済的生活を維持することの
できない「岩」は，領海および接続水域のみで，排他的経済水域または大陸棚
を保有できません．中国は，沖ノ鳥島の日本領であることには異議がなく，あ
くまでそれは「島」ではなく「岩」であると主張しています．日本は，灯台を
設置し運用し（2007年），観測拠点施設の更新や観測所基盤の船着き場の復旧

（2020年）を実施して「独自の経済的生活」を証明する措置を取っています．

注

1）米・中・英の3か国によるカイロ宣言（1943年11月）は，領土不拡大原則を誓い，日本が暴力や強慾により略取した地域から駆逐されるよう決意表明しています．

2）場所によっては海岸線から190海里にも及ぶ広大な水域を漁業保護水域と設定したもので，当時の国際海洋法ではそのような公海を制限する法制度が存在していません．1965年の日韓漁業協定が12海里までの沿岸国の漁業水域を設定することで，李承晩ラインは実質上解消することになりました．

3）日韓の国交回復する1965年までに327隻の日本漁船が拿捕され，3911人の漁師が拘束されました．『海上保安庁白書 昭和41年版』25頁．

4）ICJは，紛争の両当事者が裁判所において解決するという合意をしない限り，審理を開始できません．2012年に日本は，ICJ付託とともに，1965年の日韓紛争解決交換公文に基づく調停も提案しましたが，それも実現できませんでした．

5）2012年8月に李明博は，現職の韓国大統領として初めて竹島に上陸し，日韓関係を険悪化させました．

6）朴正熙元大統領も，1965年に竹島が面倒な存在であったために，冗談めかして「解決のために，爆破したい」とまで発言したこともあります．

7）ある国が無主地を領有の意思をもって実効的に占有すれば，それがその国の領域となります．これを「先占の法理」と言います．

8）1920年に福建省漁民遭難事件に関連した中華民国駐長崎領事からの感謝状において「日本帝国沖縄県八重山郡尖閣列島」と記載されています．また，1953年1月8日の人民日報での記事で，琉球諸島の一部として尖閣諸島が言及されています．

9）海上保安庁の巡視船が尖閣諸島付近の領海内で違法操業していた中国漁船に退去命令をしましたが，同漁船が逃走時に巡視船に衝突してきた事件．海上保安庁は，同船長を公務執行妨害で逮捕しました．しかし，中国国内での反日デモ，レアアースの輸出停止，在中国日本企業社員の拘束など様々な中国による強硬な政治的圧力によって，日本は，やむなく同船長を処分保留で釈放しました．

10）大正島は国家所有地ですが，魚釣島，北小島，南小島および久場島（射爆撃場としてアメリカ軍に貸与）は民間人の所有地でした．2012年9月に，日本政府が久場島以外の3つの島を民間人から20.5億円で購入し，その土地所有権の移転がなされました（いわゆる国有化）．それに反発した中国では，北京の日本大使館への投石事件を含む大規模な反日デモが勃発し，一部ではデモ隊による大規模な破壊・略奪行為にまで発展しました．

11）中国の王朝が世界の中心に位置づけられ，その周辺を蛮族・夷狄がその王朝の庇護の下にいるという中国王朝中心主義を意味します．

12) 1945年5月8日にドイツが降伏したことにより，ソ連はその3か月後の8月9日に対日参戦しました．しかし，それは，日ソ中立条約（1941年4月25日発効，1946年4月24日まで5年間有効）に違反する戦闘行為でした．

13) 北方領土返還要求に関する政府の公式見解（昭和31年2月11日第24回国会衆議院外務委員会における森下外務政務次官答弁）

14) 「返還」であれば，元の所有者に戻すというニュアンスがありますが，「引き渡す」は，それがなく，物理的に移動するというニュアンスになります．

15) 領土交渉の方法論として，4島一括返還論，2島先行返還論，2島のみ返還論，国境画定論（ソ連・ロシアの不法占拠と捉えるのではなく，国境が不明確なので両国間で国境線を引き直すという考え方）などがあります．

16) 講和条約3条は，日本は，アメリカを施政権者とする信託統治制度下に置くという国連へのアメリカ提案に同意するというものです．しかし，アメリカは国連に信託統治の提案をすることなく，直接的に施政権を行使しました．

17) 本土復帰前の沖縄では，沖縄から本土へ行く場合に旅券（パスポート）に相当する「日本渡航証明書」が，そして，本土から沖縄に行く場合も，「身分証明書」と入国査証（ビザ）に相当する「入域許可書」が，必要でした．また，沖縄の船舶は，国際信号旗D旗を掲揚して航行していましたが，日米交渉の結果，1967年以降，日章旗を掲揚できるようになりました．

18) 小笠原諸島は，父島，母島，硫黄島，南鳥島，沖ノ鳥島などを含みます．

19) いわゆる「核密約」と言われるもので，佐藤栄作首相の密使として陰で交渉していた若泉敬京都産業大学教授の『他策ナカリシヲ信ゼムト欲ス』（1994年）によって明らかにされています．

20) 「いわゆる『密約』問題に関する有識者委員会報告書」2010年3月9日．

21) アメリカ軍基地は，国土面積の0.6％しかない沖縄県に，全国のアメリカ軍専用施設面積の70.3％が集中しています（沖縄県HPより）．

22) 中国は，沖ノ鳥島と同様に，高潮時に水面上に現れる部分が小さい南沙諸島のジョンソン南礁などに排他的経済水域を設定しており，二重基準を取っているとの批判があります．なお，2016年の海洋法仲裁裁判所による南シナ海判決はジョンソン南礁などは「岩」であると判示しました（第558項）．

第 5 話

大きな国は
やりたい放題？

　国際社会には，多様な国家が併存しています．大きな国（人口，面積，経済力，軍事力など）もあれば，小さな国もあります．その場合，大きな国は，小さな国に対して自分勝手な振る舞いをしても許されるのでしょうか．国際社会は，弱肉強食の自然状態なのでしょうか．国際政治上では，確かにそういった権力政治（パワー・ポリティックス）の場面も見られますが，国際法上，国家は，国の大小や強弱に関係なく，同じ法的立場に立っています．

　国家は，他国と結ぶ条約によって多種多様な法的権利が付与され，法的義務が課せられます．そのため，国家は他国と全く同じ権利や義務を持つわけではありません．しかし，国家は，国家として存在することで，慣習法上，共通した一定の基本的な権利や義務が生来的にあると考えられています．これは，ちょうど，人間が生まれながらにして保持する基本的な自由，平等および人権と類似した発想です．

　国家は，その基本的な権利や義務を基礎として，国際社会の中で他国との良好な関係を維持しながら自国の存立を追求しています．本章では，具体的に，国際法上，国家に元来備わっている基本的な権利と義務について考えてみましょう．

1 〉国家主権

　国家の権利・義務の中で最も重要でかつ中心的なものは，**主権**と言われる権

利です（本書第 1 話 4 節参照）．この主権概念は，国家は他国によって支配されないという**対外主権**と，国家権力が国内において最高かつ絶対的であるという**対内主権**の二面性があります．まず，対外主権は，言い換えれば，他国に服しない**独立権**とも言え，他国の介入を排除するための抗議概念という役割を果たしています．ロシア革命で誕生した社会主義国のソ連が資本主義の周辺諸国から干渉を受けないように，そして，第二次世界大戦後に植民地から独立した発展途上国が先進諸国による従属化を排除するために，主権国家であることを強調し外部からの介入に対抗してきました．その意味において，現代でも，対外主権は，弱国の強国に対する積極的な意義が含まれています．後述する平等権，主権免除および不干渉義務は，この主権概念から由来しています．

　次に，対内主権は，国家が国内においてヒト，モノ，事実に対して行使する**領域権・統治権**とも言えます．この領域権は，領土空間において後述の管轄権を行使することができるという**空間説**（日本の法律は，日本領域内で適用される）と，自国領域を自由に処分することができるという**物権説**[1]（日露間で締結された1875年の樺太千島交換条約のように自国領域の処分ができる）の両方の性質を有しています．第二次世界大戦後にアメリカに統治された沖縄は，1972年に日本に返還されました．それまでの期間，沖縄の**施政権**はアメリカにありましたが，日本には，**残存主権**があると説明されていました（本書第 4 話 2 節参照）．この残存主権という考え方は，領域権に基づいています．

　なお，主権国家は，他国の支配を受けないからといって，国際法に規律されないというわけではありません．もし国家が絶対的な存在で国際法に拘束されないとすれば，国際社会には法が成立しないことになります．あくまで，国家は，慣習国際法および自国が締結する条約によって規律されます．

　19世紀半ば以降に**国際行政連合**と言われる専門的・技術的分野の国際機構が，第一次・第二次世界大戦後に総合的・包括的分野の国際機構（国際連盟および国際連合）が，成立しました（本書第 1 話 6 節参照）．さらに，国家主権を可能な限り制限し政治統合を推進しようとする超国家的な国際機構（ヨーロッパ連合，EU）まで出現しています．このように，20世紀以降，国際社会の組織化が推進されればされるほど，国家の主権は制限されています．しかし，この主権制

限の現象は，あくまで主権国家が自らの意思に従って国際機構の設立文書（国連であれば，国連憲章）に加入した範囲内のことです．国家は，いつでも自由に国際機構から脱退できます．国際機構は，あくまで主権国家の自主的参加によってしか成立していません．これからも国際社会の組織化は一層進むと思われますが，それは必ずしも主権国家の否定につながるとは言えません．

2 管轄権

国家がその国内法をその領域内でヒト，モノ，事実に対して統治を行う国際法上の権能を**管轄権**と言います．管轄権は，立法府が法令を制定する**立法管轄権**，行政機関が法令を執行する**執行管轄権**および裁判所が紛争事案を審理する**裁判管轄権**の3つに分類されます．

この管轄権が適用される基準として，第1に，**属地主義**があります．たとえば，日本刑法が，「この法律は，日本国内において罪を犯したすべての者に適用する」（1条1項）と規定されているように，外国人であっても日本国内での犯罪については日本の刑法が適用されます．主権国家の併存状況である国際社会においては，国際法上の特別の制限がない限り，属地主義が最優先されます[2]．

なお，自国船舶内や自国航空機内は自国空間の延長であるという考えにより，属地主義の変型として，犯罪容疑者の国籍にかかわらず，その国内法がそれらの空間内に適用されるという**旗国主義・登録国主義**があります（日本刑法1条2項）．

第2に，国家が自国領域外での自国民の行為に対して管轄権を行使する**属人主義**があります．日本刑法は，自国民が日本国外で殺人等を犯した場合にも（**能動的属人主義**，3条），そして，自国民が日本国外で殺人等の被害者になった場合にも（**受動的属人主義**，3条の2）適用されます[3]．

第3に，国家の死活的利益が侵害された場合に，犯行者や犯行地を問わず当該人物に管轄権を行使する**保護主義**があります．日本刑法では，日本国外で内乱罪や通貨偽造罪を犯したすべての者に適用されます（2条）．これとは対照的に，第4に，個別国家の重大な国益を損なうのではなく，国際社会全体にとっ

て重大な利益が侵害されるという理由から，すべての国家に管轄権が認められる**普遍主義**があります．公海上での海賊行為を発見した場合，いずれの国も海賊船舶を拿捕し，海賊を逮捕し，財産を押収することができます（海洋法条約105条）．また，国際テロ行為や戦争犯罪の容疑者に処罰からの逃げ場を与えないように，容疑者のいる領域国は，自国で当該人物を訴追するか，そうでなければ，容疑者の国籍国や犯罪行為地国など関連諸国に引き渡すか（**引き渡しか，訴追か**）の国際法上の義務があります（航空機不法奪取防止条約7条）．

　これら4つの管轄権のどの基準が適用されるのかは状況や事例ごとに異なるので，国際法の関連規則を考慮して，管轄権の適用基準を選択する必要があります．

3 〉平等権

　国家は，主権を保有することで，他国に従属しないで存立し，相互に対等でかつ平等の扱いを受けます．1970年の「友好関係原則宣言」は，「すべての国は，主権平等を享有する．国は，経済的，社会的，政治的その他の性質の相違にかかわらず，平等の権利及び義務を有し，国際共同体の平等の構成員である」と規定しています．ただし，平等権と言っても，以下の3つに区分されるように，様々な意味が含まれています．

　まず，**法の前の平等**（**国際法適用の平等**）です．国際法が諸国家に対して平等に適用されることは，現在では，当たり前のように思われますが，19世紀から20世紀初頭の近代国際法は，国家を文明国と半文明国に区分し，平等に適用されていませんでした（本書第15話3節参照）．文明国と非文明国の区別は解消され，現代国際法は国家に平等に適用されています．

　次に，国際法が，発展途上国も先進国も，すべての国家を形式的に平等に取り扱えばそれでいいのかと言えば，必ずしもそうではありません．そうすれば，発展途上国と先進国の格差が一層拡大することになる危険性もあります．それは，いわば，「**不平等な者を対等に扱うことの不平等**」を招くことにもなりかねません．たとえば，国際貿易の場合，**最恵国待遇**は，先進国間同士であれば，

58

自由貿易を活性化することで肯定的な相乗効果を生み出します（本書第9話2節参照）．他方，発展途上国は，その自由貿易の国際競争に参加すれば，品質において必ず負けてしまいます．そのために，発展途上国産品には，先進国産品よりも低い関税率を適用する**特恵待遇**が適用され，ハンディキャップを付けることで発展途上国と先進国が対等に競争できるようにします．また，国際環境保護の分野においても，発展途上国と先進国は，共通して環境保護の責任がありますが，その責任の量は同一ではなく，「**共通だが差異のある責任**[7]」原則が適用されます（本書第10話3節参照）．これらは，発展途上国に特別に配慮して国際法の実質的平等を実現しようとする仕組みと言えます．

最後に，**法の定立過程における平等**があります．国際外交会議や国際機構での国際法作成（条約交渉）過程において，国家は参加し発言し提案し投票する機会が平等に付与されています．発展途上国は，国際会議で平等に発言することで，先進国の行動を抑制し，自国に有利になるような（＝自国に不利にならないような）条約内容を形成するようにこの平等概念を積極的に活用しています．

4 主権免除

国家は，属地主義を基に，その国内においてヒト，モノ，事実に対する管轄権（特に裁判管轄権）を有していることは，前述しました．しかし，属地主義の例外として，たとえば，国内にいる外国の外交官は，ウィーン外交関係条約で規定されている不逮捕特権のように，接受国の裁判管轄権から免除されています（31条）．このような**主権免除**（裁判権免除，国家免除）は他にもあり，国家自身やその国有財産も，自らが合意しない限り，その領域国の裁判管轄権に服する必要はありません．言い換えれば，国家は，その同意なしに被告として外国の裁判所で裁かれることはありません．この主権免除も，「**対等なる者は，対等なる者に対して支配権を持たない**」というローマ法の格言が示すように，主権平等観念に由来します．

主権免除は，国際法上認められるとしても，では，どの範囲まで認められるのかを適用上の問題として考えなければなりません．国家自身やその国有財産

はあらゆる面で外国の裁判管轄権から除外されているという**絶対的免除主義**なのか．それとも，国家が民間企業と類似の経済活動をする場合には，その経済活動は，**主権的行為**（公的行為）ではなく，**業務管理的行為**（私的行為）に分類されるので，後者の私的行為に関して主権免除が認められないという**制限免除主義**なのか．どちらの基準が適用されるかによって，主権免除の適用範囲が異なります．

　後者の制限免除主義が登場してきた背景には，20世紀に社会主義国が誕生し，さらに，国家自身（国営企業）による経済・商業活動が拡大・増加した経済状況があります．国家（国営企業）が外国の私人や私企業と契約（**国家契約**）[8]を結んだ際に，当事者間で発生した紛争事案を解決するための司法的救済において国家側の裁判権免除が認められれば，外国企業側は片方の契約当事者（国家）を訴えることができなくなり，法的に不利・不公平な立場に立つことになります．たとえば，日本の民間企業と社会主義国との貿易（日ソ・日中・日朝貿易）の場合に，契約相手の国家側の契約不履行が存在しても，日本の企業は日本の裁判所に司法的救済措置を求めることができなくなります．

　日本は，2006年の最高裁判決（パキスタン貸金請求事件）で絶対免除主義から制限免除主義へと判例を変更し，2007年に2004年の国連国家免除条約を承認しました[9]．そして，2009年に「外国等に対する我が国の民事裁判権に関する法律」を制定したことで，制限免除主義の採用を明示しています．もっとも，裁判管轄権と強制執行権は別物で，外国やその財産が裁判にかけられ判決が下ったとしても，その判決を執行するための外国財産の没収は，改めてその国家の同意が必要となります．

5 ▷ 不干渉義務

　国家は，主権を有するので，他国に従属しないし，他国から干渉もされないと言われます．友好関係宣言では，「いずれの国も，他国によるいかなる介入も受けずに，その政治的，経済的，社会的及び文化的体制を選択する奪うことのできない権利を有する」と規定しています．同じことを別の面からみると，

国家は他国に対して干渉してはならない義務があるとなります．新聞報道では，よく**内政不干渉**という用語が使われています．ある行為が不干渉義務に違反すれば，それは国際違法行為となります．では，ここでいう干渉とは，何に対する干渉でしょうか，そして，どのような行為が干渉に該当するのでしょうか．

　まず，友好関係宣言では，「国内管轄権内にある事項」に対して干渉しない義務が規定されています．この**国内管轄事項**とは，国家が自由に決定し処理することができる「国内又は対外の事項」を指します．対外事項が国内管轄事項なのかといぶかる人もいるかもしれません．たとえば，対外的な関係性のある事項の外国人の出入国や輸入品への関税設定は，その国の自由裁量に委ねられていますので，それらも国内管轄事項であると言えます．前述の国家の政治的，経済的，文化的，社会的体制の選択は，国内管轄事項の典型的な例と言えます．

　もっとも，国内管轄事項は，相対的な概念であり，国際社会の状況により変遷します．たとえば，人権問題は，第二次世界大戦までの**近代国際法**では，各国の国内管轄事項であり，人権保障は各国の自由裁量に委ねられていました．しかし，第二次世界大戦の経験から，人権の否定が世界戦争を引き起こしたという一般的認識が芽生えたことから，多数の国際人権条約が締結されるようになりました．**現代国際法**では，人権問題は，国内管轄事項という狭い枠から出て，国際社会が取り上げるべき**国際関心事項**として位置づけられています．そのことによって，第二次世界大戦後，人権の国際保障化が急速に促進されるようになりました（本書第8話参照）．

　次に，国際違法行為となる干渉とは，国家が自らの意思を他国に対して強制や威嚇を伴う**命令的干与**であると言われています．そのために，単に他国の内政・外交の政策を批判するだけの抗議や意見表明であれば，それは干渉に該当しません．

　具体的な干渉行為として，国際司法裁判所（ICJ）は，1986年の**ニカラグア判決**（1986年）において，「一国が他国への強制の意図をもって，その国の政府を打倒する目的を持つ武装集団を支援・援助するときには，……それは，一国による他国の国内問題への干渉に相当する」．したがって，アメリカによるニカラグアの反政府武装組織「コントラ」への財政援助・訓練・武器供与・情報お

よび兵站の援助は，不干渉原則の明白な違反を構成すると認定されました．

　このように，反政府勢力への軍事的支援であったために，それは干渉行為と認定されましたが，もし中央政府からの要請であれば，外国の軍事介入は，当該国家政府の同意が存在するので，反政府勢力を武力鎮圧しても，干渉行為には該当しません．

　では，上記のような軍事的措置しか命令的干与（＝干渉）に該当しないのかという問題があります．政治的・経済的な非軍事的措置も，強制的であれば，干渉行為に該当すると思われます．しかし，上記のニカラグア判決の中で，経済援助自体があくまで援助国の自由裁量の範囲内であることから，経済援助の停止は，被援助国にとって深刻な影響を及ぼすものであったとしても，不干渉原則に違反しないと判示しています．このように，干渉行為に該当する政治的・経済的な強制措置を認定することは，必ずしも容易ではありません．

6 ▷ 普遍的義務

　国際法上の義務は，個別的利益に基づく個別国家に対する義務と，一般的利益に基づく国際共同体全体に対する義務とに大別されます[11)]．後者は，**対世的**（erga omnes）義務（普遍的義務）と称されます．被害国を含む国際共同体の利益を保護しようとする対世的義務は，国際社会全体の利益を追求しようとする「国際公序」概念の出現の兆しと言えます．

　対世的義務の具体例として，「侵略行為の禁止，集団殺害（ジェノサイド）の禁止，奴隷制度や人種差別からの保護を含む人間の基本的権利に関する原則及び規則」が指摘されています．また，人民自決権[12)]が対世的権利であるとみなされていますので，人民自決権の尊重義務もそれに含まれることになります．武力紛争に適用される国際人道法（戦時国際法，戦争法）規則の多くが，人道性に基づくことから，対世的性質を有すると言われています．さらに，大気汚染や海洋汚染の禁止を含む地球環境保護に関する諸条約上の義務は，地球全体の利益保護という観点から，対世的義務に該当すると思われます．このように，平和，人権，環境といった諸国家の共通利益に関連した義務が，対世的義務と言

えます.

　ある国家が対世的義務に違反した場合，被害国がその義務違反を追及することは当然としても，直接被害を受けていない国も，国際共同体の法益を侵害されたことを理由に，その義務違反を追及できるのでしょうか[13]．国家責任条文48条2項では，被害国以外の国が違反国に国際違法行為の中止および再発防止の保証を請求できるとされています．現在，ICJ は，一般的に，対世的義務違反に対して民衆訴訟を認めるという立場を取っていませんが，将来，そのような判例が出されるかもしれません[14]．

注

1）1966年の国際人権規約（社会権規約・自由権規約）には，「すべての人民は，……自己のためにその天然の富及び資源を自由に処分することができる」（共通1条2項）と規定されています．

2）1960年5月に元ナチス・ドイツの戦犯**アドルフ・アイヒマン**が，アルゼンチンに潜伏している際に，イスラエル諜報機関モサドによってアルゼンチンの許可なく拉致され，イスラエルに強制連行されました．これは，明らかにアルゼンチンの主権を侵害した国際違法行為と言えます．同年6月に国連安全保障理事会決議138（1960年）は，この行為がアルゼンチンの主権を侵害すると認定し，イスラエル政府に国連憲章に従った適切な賠償措置を取るようよう要請しました（賛成8：反対0：棄権2）．アルゼンチンは，主権侵害をイスラエルに抗議し，数回の交渉の結果，6月の安保理決議を受け入れる共同声明を8月に発表し，その論争を終結させました．

3）国連の平和維持活動（PKO）に参加する自衛隊員による殺人行為や傷害行為は，活動領域国の刑事管轄権から免除されていますが，日本刑法の国民の国外犯規定（3条）が適用されるために，殺人罪や傷害罪などで処罰されます．

4）本宣言は，コンセンサス方式で採択された国連総会決議25/2625を指します．そこでは，国連憲章に含まれる7つの原則が，漸進的発達および法典化されており，国連憲章の有権的解釈であると言われています．

5）当時は，国際法主体である文明国と半文明国以外に，客体として国家が植民地とする無主地がありました．

6）ある輸入国が，他国の輸出国の物品に対して，第三国の輸出国の物品にかける関税率よりも不利でない待遇（関税率）を与えることで，貿易の輸出国同士の平等の待遇が保障されます．

7）1992年の気候変動枠組み条約4条．1997年の京都議定書では，先進国に温室効果ガス

の削減値目標が設定されていましたが，発展途上国にはそれが設定されませんでした．

8）国と外国私人との間の国家契約は，国と国の間の条約ではありません．鉄道や電力の建設・運用や石油開発などに締結される国家と外国企業間のコンセッション契約も，国家契約の 1 つです．

9）本条約は，制限免除主義を採用している本条約は，2021年 9 月現在，未発効です（批准国は22か国ですが，発効要件は30か国となっています）．

10）本案の事実背景は，以下の通りです．1979年にニカラグアのソモサ政権が崩壊し，サンディニスタ新政権が誕生した．アメリカは，当初，新政権と良好な関係を維持していたが，ニカラグアによるエルサルバドルのゲリラ活動への軍事的支援を理由に，ニカラグアへの経済援助の停止，ニカラグア国内の反政府組織「コントラ」への軍事援助，さらに，直接的・間接的な軍事活動（ニカラグアの港への機雷敷設，港湾・石油施設などへの攻撃）を強化していった．こうした状況の中で，1984年にニカラグアが ICJ にアメリカの軍事活動の違法性と賠償の決定を求める訴えを提起しました．1986年に ICJ は，アメリカの本案審理への不参加のまま，本案判決を下した．

11）2001年の国家責任条文42条(a)および48条 1 項(b)参照．なお，国家責任条文は，国連国際法委員会が2001年に最終条文としてまとめたものです．それが，今後，条約化されるかどうかは不明ですが，国家責任領域での権威ある重要な文書として国際裁判等で引用されています．

12）すべての人民は，自決権を有し，その政治的地位を自由に決定し並びにその経済的，社会的及び文化的発展を自由に追求することができます（1966年の国際人権規約共通第 1 条）．従来，植民地人民が植民国家から独立する場合の国際法的根拠として援用されてきました．

13）一般的に，訴訟法上，当事者自身が持つ直接的で個別的な利益が侵害された場合に，その当事者がその利益回復を願って訴訟を提起することができます．特例として，具体的な権利侵害の有無にかかわらず，訴えを提起する原告適格が認められる場合があります．それを，民衆訴訟（actio popularis）と言います．

14）国際共同体全体に対する対世的義務ではありませんが，ある特定の国家集団の利益に対する当事国間対世的（erga omnes partes）義務の場合，民衆訴訟が認められた事例があります．2014年の南極海捕鯨事件（オーストラリア対日本）で，ICJ は，被害国とは言えないオーストラリアに原告適格を認め，その訴えを受理しました．

---- HATENA ----

第6話

国家を表すのは
だれ・なに？

---- INTERNATIONAL LAW ----

はてなの
？
国際法

1 国家を体現するヒトはだれ？
国家を示すモノはなに？

　国際社会に存在する国家は，目に見えない抽象的な存在ですから，目に見える具体的なヒトやモノがそれを体現します．国家を示すモノとして，国旗，国歌，そして，**国章**または**紋章**[1]があります．そして，国家を代表するヒトや組織として，国家元首（heads of state），政府の長（首相，heads of government），外務大臣（ministers of foreign affairs），外交使節団や領事機関，国際会議や国際機関に派遣された代表者が，諸外国との交流や交渉を行います[2]．後で述べる国家の軍事組織（＝軍隊）および軍隊の保有する軍艦や軍用航空機も，国家を具現しています．

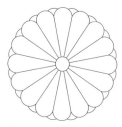

図6-1　天皇家紋章の
　　　十六八重表菊

図6-2　日本国旅券に
　　　表記される十六
　　　一重表菊

図6-3　日本政府紋章の五七
　　　桐花紋
（出所）　首相官邸 HP（https://www.ka
ntei.go.jp/jp/q&a/archive/200408
05a.html）より.

　近年，実質的な外交交渉や政治交渉を外務省などの国家官僚（事務方）にすべて任せるというのではなく，政治家である大統領や首相および外務大臣（アメリカでは国務長官）が，直接，海外に赴き二国間または多国間の政治的解決をはかる事例が増えています．近年，コロナ禍でヒトの往来が以前のように自由にできないときでも，オンライン形式で各国首脳によるテレビ会談・会議が頻繁に開催されています．このように，通信技術の急速な発展により，諸国家間の意思疎通が，以前と比較して，飛躍的に容易になったと言えます．

　国家元首は，君主制国家では君主（国王や皇帝）であり，共和制国家では大統領がそれに該当します．大統領といっても，アメリカやロシアのように，国家元首でかつ行政権の実権を握っている場合もあれば，ドイツのように，行政権は首相が握り，元首の役割を国際儀礼に限定されている場合もあります．中国では国家主席，キューバでは国家評議会議長，バチカン市国はローマ教皇が，国家元首です．イギリスの国王（女王）は，15か国のイギリス連邦諸国の元首も兼任しています（さらに，クック諸島やニウエも）．イランの国家元首は，イスラム聖職者の最高指導者ですが，大統領も元首に準ずる存在であると言われています．

　日本の場合，大日本帝国憲法（明治憲法）4条において「天皇ハ國ノ元首ニシテ」と明記されていました．しかし，日本国憲法（昭和憲法）では，天皇は「日本国の象徴であり日本国民統合の象徴」（1条）と規定されていますが，「元首」という文言は見当たりません．もっとも，外交慣例上，天皇が国家元首として取り扱われます．たとえば，「開会宣言は開催国の国家元首によって行われる」と規定する**オリンピック憲章**55条3項に従って，昭和天皇は東京五輪（1964年）と札幌五輪（1972年），平成天皇は長野五輪（1998年），そして，今上天皇は東京五輪（2021年）で開会宣言をされました[3]．

　国家元首は，外国において，**国賓**（state guest）[4]として国際儀礼（プロトコール）上の最高の待遇を受けます．君主は「陛下」と，大統領は「閣下」と尊称され，国家の敬礼方式の1つである礼砲（敬意を表すために発する空砲）でも，国家元首は最も多い21発の礼砲を受けます[5]．そして，外国の国家元首が滞在する接受国（受入国，ホスト国）は，当該元首の名誉および身体を保護するために特

別な注意を払わなければなりません.

2 外交使節団と領事機関とは？

　国家を代表しその意思を表明するために外国に使節団が派遣されます. その場合, 祝意や弔意を示すためにその時だけに派遣される**儀礼使節団**と, 政治的・行政的な任務を行うために派遣される**事務使節団**があります. 事務使節団は, さらに, 外国に常駐する**常置使節団**と, 臨時に派遣する**特別使節団**に区分されます. 常置使節団には, 派遣国を代表して接受国と政治交渉する**外交使節団**と, 派遣国の国民（＝自国民）を保護し旅券（パスポート）や査証（ビザ）等を発給する**領事機関**があります. 外交使節団は接受国の首都に1か所だけ設置されるのに対して, 領事機関は接受国の通商活動地（港など）や派遣国の国民が多数在留している地域に複数か所設置することができます. 国際社会の緊密化に伴い, 常置使節団の役割は, 一層重要なものとなっています. 派遣国と接受国の間の派遣に伴う国際法ルールとして, 1961年の**外交関係条約**（当事国は193か国）および1963年の**領事関係条約**（180か国）があります. ただし, 領事関係条約とは別に, それを確認し補足し拡充するために個別の領事条約が締結されることもあります.

　外交使節団の設置は, 諸国家間での外交関係の開設に必ず伴うというものではなく, 外交関係の開設とは別に, 外交使節団設置に関する相互の同意が必要となります. さらに, 国家による外国の国家承認があれば, 必ず外交関係が開設されるというものでもなく, 国家承認, 外交関係の開設および常駐の外交使節団の設置は, それぞれ別の国際行為として行われます. 2022年1月現在, 日本の在外公館設置状況（大使館）は, 実際に設置している数は153か所あり, 別の国に設置された大使館が兼轄している数は42か所あり, 合計195の大使館が設置されていることになります.

　同様に, 領事機関の設置も派遣国と接受国の相互の同意が必要ですが, 通常, 外交関係の開設は領事関係の開設の同意を意味します. 他方, 外交関係の断絶があっても領事関係も必ず断絶するというわけではありません. 現在の日本の

総領事館は67か所にあります[9].

　他方，日本と国際法上の正式な外交関係のない地域が存在します．たとえば，中華民国（通称は台湾）と北朝鮮です．日本と台湾との間には外交関係がないことから，政府の在外公館（大使館や総領事館など）の設置は認められません．そのために，日本では，日台間の実務関係を維持するために準公的なパイプ役として，1972年に**財団法人交流協会**が設立されました．当該協会は，2012年に公益財団法人に移行し，そして，2017年1月1日から公益財団法人**日本台湾交流協会**と名称を変更しました．台湾側のカウンターパートである**亜東関係協会**も，2017年5月17日に**台湾日本関係協会**に名称を変更しました．日本台湾交流協会と台湾日本関係協会との間の「取決め」[10]に基づき，相互に複数の在外事務所を設置し，事実上，在外公館と変わらぬ公的事務を処理しています．両者とも，政府の在外公館ではないので，後で言及する外交上の特権・免除が付与されていません．

　日本は北朝鮮を国家承認していないのですが，1972年に美濃部東京都知事は，**在日本朝鮮人総連合会**（朝鮮総連）[11]関連施設が旅券発行などを行う準外交機関的施設に該当するとして，その固定資産税の減免措置を実施しました．それ以降，全国の地方自治体もそのような減免措置を取るようになりました．しかし，2002年の小泉首相の訪朝で北朝鮮による日本人拉致事件への関与が判明したこともあり，朝鮮総連関連施設を準外交機関としても認めず，それへの優遇税制措置の見直しを求める動きが大きくなりました．そして，2007年の最高裁の決定[12]により，当該施設が準外交機関的施設ではなく，それらへの税の減免措置は違法であることが確定しました．2015年度には，朝鮮総連関連施設への固定資産税の減免処置を行う地方自治体はすべてなくなりました．

③　自衛官も外交官になれるの？

　外交使節団は，接受国において派遣国を代表し，派遣国とその国民（在外自国民）の利益を保護し，接受国政府と交渉し，接受国に関する情報を収集し派遣国政府に報告し，接受国との友好関係を促進します（外交関係条約3条）．そ

の情報収集は，接受国においてあくまで「適法な手段」で行われなければならず，違法な方法での情報収集（スパイ）活動は許されません.

　外交使節団は，使節団の長と使節団の職員から構成されます. 使節団の職員には，外交職員，事務・技術職員（会計官，電信官，医務官等），役務職員（受付係，運転手，公邸料理人等）がいます. **外交官**とは，使節団の長（大使，公使，代理公使）または使節団の外交職員（公使，参事官，一等・二等・三等書記官，外交官補等）を指します. 外交使節団の長として，以前は，公使が派遣される例もありましたが，近年，ほとんどの場合，大使が派遣されています.

　使節団の職員の中には，軍事，通商，文化，報道等の専門職務を担当するアタッシェ（attaché）も含まれます. 特に，軍事情報の収集や軍事交流を担当する**駐在武官**（Military Attaché）——日本での名称は，**防衛駐在官**（Defense Attaché）[13]——は，軍人の身分（軍服を着用し，階級を呼称する）と外交官の身分を兼ねています. 戦前の日本の駐在武官制度は，それぞれ陸軍参謀総長または海軍軍令部総長の指揮下にあり，外務省の指揮下になかったために，二元外交の弊害が生じました. その反省から，戦後の防衛駐在官は，もっぱら外務省の指揮下に服し，防衛庁と直接通信を行わず[14]，かつ，独自の暗号を使用しないという制約が課されました[15]. その後，防衛（軍事）情報の収集の重要性が認識されるようになって，2003年以降，防衛駐在官の本邦との連絡通信はなお外務省経由ですが，外務省がその防衛情報を防衛庁に自動的かつ確実に伝達することが約束されました[16]. 防衛駐在官は，海外での防衛情報の収集によって，日本の安全保障政策の重要な一翼を担っています.

4　外交官は逮捕されないの？
　　使節団公館は特別に保護されるの？

　近年，日本国内で外国の外交官車両による駐車違反や違反金の踏み倒しが社会問題となっています[17]. 2019年度には駐車違反が約2615件あり，その違反金の回収率が25％（踏み倒しが75％）となっています[18]. 外交官は，日本の国内法に違反しても，どうして逮捕され処罰されないのでしょうか？

　外交官は，国を国代表する地位にあり，さらに，その任務を能率的に遂行できるようにするために，外交上の特権や免除が与えられています（外交関係条約前文）．具体的に，外交官は警察によって逮捕も抑留も拘禁もされませんし（29条），また，接受国の刑事裁判権から免除されているので，刑事訴追されることもありません（31条）．外交官は，身体だけでなく，その財産も不可侵とされていますので（30条），駐車違反しても，違反金の未払いによる財産の差し押さえを受けることもありません．しかし，外交官といえども，当然，接受国の法令を遵守する義務はあります（41条）．

　外交関係条約では，派遣国と接受国との法的なバランスを取るために，接受国は，外交官の特権・免除を認める代わりに，いつでも，理由を示さないで，派遣国に対して，外交官が**好ましからざる人物**（ペルソナ・ノン・グラータ）であると通告することができます（9条）．その通告を受けた派遣国は，その外交官を帰国させるか外交官の地位を剥奪するかのどちらかを選択しなければなりません．つまり，外交官を好ましからざる人物と判断することは，事実上，当該人物の国外退去を要求することになります．

　もっとも，駐車違反による違反金の未払いでその外交官を好ましからざる人物と指定することはないでしょう．外務省は，外交官による駐車違反に対する対策として，2021年5月以降，半年で4回以上駐車違反した悪質な外交官車両に，違反金の全額納付を確認できない限り，ガソリン税免除証明書を発給しないことにしました．[19] 本対策がどれほど功を奏するのか，見ものです．

　外交官個人とは別に，使節団の公館も，特権・免除として不可侵権が付与されているので，接受国の警察官も，使節団の長が同意しなければ，公館に立ち入ることができません（22条1項）．半面，その使節団の公館は，密輸，賭博その他の犯罪といった使節団の任務と両立しない方法で使用してはなりません（41条3項）．また，接受国は，何者かが公館に侵入しそれを損壊しないように，使節団の公館を保護する措置や公館の安寧を妨害し公館の威厳を侵害する行為を防止する措置を取る特別の責務があります（22条2項）．

　本条項に関連して，2005年4月9日の日本の国連常任理事国入りに反対する反日デモおよび2012年9月11日の尖閣諸島国有化宣言を契機とした反日デモに

おいて，中国・北京にある日本大使館が投石される事件が発生しました．また，1992年以降，韓国・ソウルにある日本大使館前で慰安婦問題の集会デモが実施され，2011年に同大使館前に慰安婦少女像を設置して以降，集会デモが，一層，過激化・拡大化されています．これらの事例は，明らかに接受国（中国および韓国）の外国公館を保護するという外交関係条約上の義務に違反すると思われます．派遣国と接受国との間で政治的主張の違いがあるとしても，接受国が派遣国を代表する公館を保護せずそれへの投石やデモを黙認し放置するのであれば，当該国間での冷静で真摯な外交関係の構築や外交交渉の実施は，もはや望めないと言えるでしょう．

5 軍隊・軍艦・軍用航空機も国家そのもの

　国家の軍事組織である軍隊，それが保有する軍艦や軍用航空機も，国家そのものと言えるでしょう．そのために，ある国家領域への他国からの武力攻撃が侵略行為であるのと同様に，陸・海・空軍への武力攻撃も侵略行為としてみなされます（1974年の国連総会決議「侵略の定義」3条）．そして，それらは，他国の同意がなければ，領海の無害通航権を除き，外国領域に侵入し駐留すれば，外国の主権侵害となります．いったん，他国の許可を得て入域し駐留する場合，それらは，主権国家の威厳を体現するとともに，軍事組織としての機能を維持するために，外交使節団，公館および外交官と同様に，領域国において不可侵権や裁判権の免除が付与されます．

　軍艦（warship）は，外国の同意の下でその領海内または港湾内に停泊している場合，浮かぶ領土（floating territory）と称されるほど，不可侵権や裁判権の免除が付与されます．艦長が同意しない限り，領域国の警察は，軍艦に立ち入ることができません．犯罪者が軍艦に逃げ込んだ場合でも，警察は，犯罪者を逮捕するために艦長に乗艦の許可を求めるか，外交ルートを通じて艦長に犯罪者の捕獲および引き渡しを要請するしかありません．また，軍艦内の空間は，領域国の法令が適用されず，艦内で発生した民事・刑事事件は，軍艦の旗国（flag state）[20]の裁判管轄権に服します．日本の自衛艦旗は1954年に制定され，自

衛隊法により用いることとされ，国際社会では日本の自衛艦は軍艦としての扱いを受けます（図6‐4参照）．

　航空機は，国の航空機と民間航空機に大別され，さらに，国の航空機は軍用，税関用・警察用，その他の3種類に分類されます（国際民間航空条約3条）．国籍標識を付した**軍用航空機**（military aircraft）[21]は，軍艦と同様に，機長の同意なく領域国の官憲の立ち入り禁止という不可侵権と裁判権免除が付与されています．軍用航空機以外の国の航空機は，不可侵権はなく，裁判権免除も付与されているのか不確かです．現在，日本が2機保有している政府専用機（B-777-300ER）[22]は，政府自体が管理・運営しておらず，防衛省航空自衛隊が管理・運営しているので，軍用航空機に区分されます．軍用航空機の政府専用機だからこそ，国

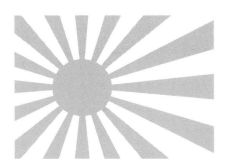

図6‐4　日本の自衛艦旗（軍艦旗）

（出所）　写真については，海上自衛隊横須賀地方隊 HP（https://www.mod.go.jp/msdf/yokosuka/news/02/img/15/02.jpg）より．

図6‐5　自衛隊機（軍用航空機）の国籍標識

（出所）　写真については，航空自衛隊 HP（https://www.mod.go.jp/asdf/equipment/all_equipment/T-4/images/photo11.jpg）より．

際法上の最も高いレベルの特権・免除が与えられます.

　外国の**軍隊** (armed forces) が, ある国家の同意の下, その国家の領域に駐留することがあります. たとえば, アメリカの軍隊が, 現在, 日本の領域内にあるアメリカ軍基地 (在日アメリカ軍基地) に駐留しています[23]. それは, 日本が1960年の**日米安全保障条約** 6 条 (基地許与) によりアメリカ軍に基地を提供した上で, 同年の**日米地位協定**により駐留アメリカ軍の軍隊構成員の法的地位 (特権・免除) が詳細に取り決められています.

　特に日米間で問題となるのは, 日本国内でアメリカ軍人・軍属による犯罪が発生した場合です. 当該人物に対する派遣国 (アメリカ) と受入国 (日本) の刑事管轄権が競合するので, 日米地位協定は, 第一次裁判権を, アメリカ軍人が公務中に犯罪を行ったのであれば, 派遣国 (アメリカ軍) 側に, 公務外に犯罪を行ったのであれば, 受入国 (日本) 側にあると規定しています (17条3項). 日本では, 一般的には, 犯罪の重大性および逃亡や証拠隠滅の恐れなどから, 犯罪容疑者を逮捕 (身柄拘束) して捜査手続きを進め, そして, 容疑者を起訴します. 他方, 基地内にいるアメリカ軍人の公務外犯罪容疑者の身柄が日本に引き渡されるのは, 起訴後とされています (17条5項 c). そのために, 当該容疑者がアメリカ軍基地から本国に直接に帰国し, または, 身柄拘束されるまでの間に証拠隠滅を図ることも考えられます. 1995年の沖縄県での少女暴行事件を受けて, 法改正ではありませんが, 運用の改善策として, 重大事件の場合に起訴前でもアメリカ側から身柄の引き渡しがなされることが日米合同委員会で合意されました. さらに, 「公務中」の解釈も, アメリカ軍が公務証明書を提示すれば, 当該軍人の行動が「公務中」とみなされ, 日本の刑事裁判権から免除されることもあります. アメリカ軍による公務証明書の厳格な発行が求められます.

　日本は, 現在, アフリカのジブチと2009年に「在ジブチ自衛隊の地位に関する交換公文」を締結して, ジブチに自衛隊を派遣しています. 従来, 外国軍隊 (アメリカ軍) を受け入れてきた日本は, 今や外国に自衛隊を派遣し駐留させています. 日本は, 自衛隊派遣国としての法的主張と外国軍隊受入国としてのそれが異なり, ダブルスタンダードにならないように注意しなければいけません.

注

1 ）外交使節団の公館や使節団の長の車両などに国旗および**国章（emblem）**を掲げる権利（外交関係条約20条）が，そして，領事機関の公館や領事機関の長の車両などにも国旗および**紋章（coat-of-arms）**を掲げる権利（領事関係条約29条）が認められています．日本は，国旗国歌法（1999年）で国旗を**日章旗**とし（1条），国歌を**君が代**と規定しましたが，国章を規定していません．慣例として，天皇家紋章の**十六八重表菊**（図6－1）が国章に準じた取扱いを受け，日本の在外公館の玄関にその浮き彫り（レリーフ）が飾られています．日本国旅券の表紙には，それをデザイン化した**十六一重表菊**（図6－2）が表示されています．日本政府の紋章として，**五七桐花紋**（図6-3）が首相の記者会見での演台に附されています．

2 ）これらのヒトは，条約締結交渉において，全権委任状（full powers）の提示を要求されず，自国を代表する者と認められています（条約法条約7条2項）．

3 ）ちなみに，1976年のモントリオール五輪では，イギリス連邦の国家元首であるイギリスのエリザベス2世女王がカナダ国王（女王）として開会宣言をしました．

4 ）行政府の長である首相の場合，外国において**公賓**（official guest）の待遇となります．

5 ）首相は19発，大使は17発の礼砲となっています．

6 ）たとえば，国家の独立式典，大統領就任式，王室結婚式，国家元首や政府要人等の葬儀への出席など，慶弔の儀式に派遣されます．

7 ）日本は，1983年に領事関係条約に加入した後に，中国と間で日中領事協定（2008年）を締結しました．

8 ）たとえば，ブータンは，在インド日本大使館が**兼轄**しています．

9 ）総領事館の他に，20か所の領事事務所があります．大使館内に領事部門が併設され，そこでも領事関連業務が実施されています．

10）国家間の合意（条約）は「取極」の用語を使用しますが，他方，日台の民間団体である当該協会間の合意は「取決め」の用語を使用して，国家間の合意ではないことを示しています．他の事例として，国家間の租税条約にあたる「日台民間租税取決め」（2015年）や国家間の漁業協定にあたる「日台漁業取決め」（2013年）があります．

11）在日韓国人の団体は，**在日本大韓民国民団（民団）**と言います．

12）2007年11月30日に最高裁第二小法廷（上告審）は，朝鮮総連施設である熊本朝鮮会館への減免に違法性はないとの熊本市側の上告を棄却し，福岡高裁の「朝鮮総連の活動に公益性はなく，税の減免措置は違法」という判決を確定しました．

13）戦後の防衛駐在官制度は，1954年の自衛隊発足と同時に開始されました．2022年4月現在，在勤48大使館・2日本政府代表部（国連，軍縮会議）に合計73名が派遣されています．

14）防衛庁は，2007年以降に防衛省に移管しました．

15）昭和30（1955）年8月8日の「防衛庁出身在外公館勤務者の身分等に関する外務事務次官，防衛庁次長覚書」．

16）平成15（2003）年5月7日の「防衛駐在官に関する覚書」（防衛庁副長官，外務副大

臣).対外呼称も,「1等書記官(または参事官)兼防衛駐在官」から「防衛駐在官・1等陸(海・空)佐」と変わりました.

17) 青地に白文字のナンバープレートの色から通称「青ナンバー」と呼ばれ,日本国内に約2000台あります.ナンバープレートに,「外」は外交使節団用,「㋐」は外交使節団の長(大使)用,「領」は領事機関用となっています.

18) 第203回国会参議院外交防衛委員会会議録第2号2020年11月19日8-9頁.『朝日新聞』2021年6月22日4面・7月6日2面.2019年度に違反金が未納のまま5年の時効が過ぎた総額は4100万円に上ります.

19) 外務省「駐日外交団車両による駐車違反問題に係る措置について」2021年4月27日.

20) 船舶や航空機は,いずれかの国に登録され所属し,その国の国籍を持ちます.その登録・所属国を旗国と言います.公海および公海上空に位置する船舶・航空機は,その旗国の法令に服します.民間の船舶・航空機が外国の領域に位置する場合には,軍艦や軍用航空機と異なり,領域国の法令に従います.ちなみに,軍艦の艦首に国旗(日本の場合,日章旗),艦尾には軍艦旗(日本の場合,旭日旗)を掲揚します.

21) 日本の場合,自衛隊機に赤の円に白地の白色の縁取りが国籍標識とされています.

22) 初代の政府専用機(B-747-400)は,1992年4月に総理府から防衛庁に移管されました.現在のもの(2代目)は,2019年4月より運用されています.コールサインは,Japanese Air Force 001/002となっています.

23) アメリカ軍人は,2019年3月31日現在,陸軍・海軍・海兵隊・空軍合計で56,118名駐留しています.しかし,在日アメリカ軍は,日本の入国管理外にあり,旅券も査証もなく,在日アメリカ軍基地に自由に出入りできるので,日本は,実際,アメリカ軍兵士が何人滞在しているかを把握していません.

--- HATENA ---

第 7 話

国籍ってなに？

--- INTERNATIONAL LAW ---

1 国籍の意味

　日本で，日本人の両親から生まれ，日本で生活している限りにおいて，私たちが日常的に自分の国籍を意識することはほぼないといっていいでしょう．私たちが自分の国籍を初めて，あるいは改めて意識するのは，**旅券**（パスポート）を申請し，受け取ったときではないでしょうか．

　旅券は国外に出たときに自分の国籍を証明する，身分証としての意味を持っています．旅券をもっていて最もよく開いてみるページは，写真が載っているページでしょう．旅券を受け取ると，まず写真が載っているページを開いて，記載事項に間違いがないか確かめるように言われますし，外国の空港などでの入国審査の際，係官がまず開いてみるのもそのページです．そして次によく見るのは「**査証**」のページだと思います．外国に行こうとして**査証**（ビザ）を申請すると，旅券の「査証」のページに張り付けられて返ってきますし，入国印や出国印がおされるのも「査証」のページです．旅行から帰って思い出深く開いてみるのもこれらのページでしょう．

　だから一体何が言いたいのかというと，私たちは旅券のそれ以外のページ，特に最初のページを見ることはあまりない，見ることはあっても，意識して記載内容を熟読する人は限られている，ということです．しかし，そのページにはなかなかに大事なことが記載されています．そこには日本国外務大臣の名で，「日本国民である本旅券の所持人を通路故障なく旅行させ，かつ，同人に必要

日本国民である本旅券の所持人を通路
故障なく旅行させ，かつ，同人に必要な
保護扶助を与えられるよう，関係の
諸官に要請する．

外務大臣

日本国外務大臣

The Minister for Foreign Affairs of Japan requests all those
whom it may concern to allow the bearer, a Japanese national,
to pass freely and without hindrance and, in case of need, to
afford him or her every possible aid and protection.

図7-1　日本国旅券の第1ページ

な保護扶助を与えられるよう，関係の諸官に要請する」と書かれています（図7-1参照）．

まず，この旅券を所持している者が日本人であることを証明し，そのうえで，その者に「必要な保護扶助」を与えるよう，本人が入国する国の当局に対して要請する言葉が続いています．この文面がなぜ大事なのか，これが国際法のうえでどのような意味を持っているのかをみてみましょう．

国際法上，国家は，入国を認めた外国人について，その者が生命，身体，財産に損害を被らないよう，「相当の注意」をもって防止する義務（**相当注意義務**）を負うとされています．もっとも，「防止する」義務といっても，たとえば外国人が強盗被害などにあわないように事前にボディガードをつける，というようなことは求められていません．むしろ不幸にして損害を被ったときに事後的にきちんと救済措置をとることが主に求められています．この義務の違反があった場合，国籍国が本人に代わって損害賠償等を加害国に請求できることになっていて，これを**外交的保護**と呼んでいます．

これに照らし合わせて上記の旅券の記載を見てみると，日本人である所持人に保護を与えるよう要請する旨が書かれているということは，もし必要な保護が与えられず所持人が損害を被ったときには日本国政府が本人に代わって賠償等を求める可能性がある，ということをも意味しているということになります．つまり，国が外国人に対して一定の保護義務を負っているのは，本人との関係においてというよりも，その国籍国との関係においてです．さらに国籍国はいざというときには乗り出してきて自国民の利益を保護してくれる，というのであって，人はいずれかの国の国籍を有することによって，その国に守られているといえるのです．

　このように見てくれば，国籍を有することは人が自らの権利や利益を保持しつつ生活していくうえで非常に重要だということがわかります．国籍を有すること自体が基本的人権に属するという考えもあって，たとえば**米州人権条約**はその20条1項で「すべての者は国籍をもつ権利を有する」と規定しています．

2 無国籍の防止と無国籍者の保護

　逆の見方をすれば，人は国籍をもてない場合，様々の不利益を被るということになります．現在居住している国では国民として取り扱われず，かといって他国に移住しようとしても入国自体認められないか，認められてもその国の国民ではないという点では何ら変わりはなく，そしてさらに，その国にいる（いずれかの国の国籍を有している）外国人と比較しても，国籍国の後ろ盾がないという点で不利な状況になってしまう．だから**無国籍**を生じさせないことが望ましいのですが，出生時に国籍を付与されなかったり，国籍を失ったりすることで無国籍になってしまうということがあり得ます．

　国は，どの範囲の人に自国の国籍を付与するかを決める権利を有しており，各国はそのために，国籍付与の要件等を定める法律として，**国籍法**を制定しています．日本の国籍法では，出生により国籍が付与される要件として，2条1号で，出生が日本国内であるか国外であるかにかかわらず「出生の時に父又は母が日本国民であるとき」を挙げています．この規定は1984年に改正されたもので，それまでは「出生の時に父が日本国民であるとき」となっていました．つまり母だけが日本国籍である場合には日本国籍は付与されなかったので，たとえばアメリカ（「**出生地主義**」を原則としている）人を父，日本人を母として日本で出生した子の場合，無国籍となる可能性がありました．日本の国籍法では，外国の国籍を取得した場合以外に日本国籍を喪失することはありませんが，たとえばイギリスの国籍法は，国籍が帰化によって得られたなどの一定の要件の下で，内務大臣が公共の利益に基づいて特定の人の国籍を剥奪する決定を行うことができると定めています．

　無国籍者を生じさせるべきではないことはもちろんのこと，特に自らの責に

帰するべき事情なく無国籍となった者には正当な保護が与えられるべきで，それは後で触れる，難民の保護と共通しています．国籍国はあるけれどもその保護を受けられない状況にある難民は，事実上の無国籍者だということができるからです．実際，難民の保護に関して**難民の地位に関する条約**（難民条約，1951年）があるように，無国籍者の保護に関しても，**無国籍者の地位に関する条約**（1954年）と，**無国籍の削減に関する条約**（1961年）が存在しています．日本は無国籍者条約の2つのいずれにも入っておらず，日本ではあまり知られていませんが，無国籍者は世界に1000万人いると言われています．**国連難民高等弁務官事務所**（UNHCR）は2011年から，無国籍の根絶を目指す「＃IBelong」キャンペーンを展開しており，この期間に両条約の締約国数は，前者が65から96に，後者が33から77に増加しています．

3 外国人の出入国

先に述べたように，国際法上，国家は入国を認めた外国人に対し，一定の保護義務を負います．その一方，国家は，外国人の入国を認めるか認めないかを決めることができます．外国人の入国は一切認めない，という鎖国を行うこともできますし，逆に外国人が完全に自由に入国でき，居住でき，働ける，という体制をとることもできます．しかし，ヒトやモノの移動が活発で，相互依存が深まっている今日の国際社会で，鎖国を行っている国はまずありません．また，国内労働市場の保護などの観点から，外国人の入国や居住，就労に一切の制限を設けていない国もほぼありません[4]．

諸国は外国人の入国や滞在（日本の法律用語では「在留」といいます），就労を認めるが，それに一定の制限を設定し，管理や統制を行っています．このような外国人に対する管理や統制の仕組みを**出入国管理**と呼び，各国がそのための法制度を整備しています．日本には，最も基本となる法律として**出入国管理及び難民認定法**（**入管法**）があります．以下，外国人の出入国について，日本の制度を中心に見ていきましょう．

入管法上，物理的に日本の領域内に入ることを入国といい，空港などで審査

を受け，許可されてゲートを通過すると，日本に上陸したことになります．航空機で日本にやってくる場合，日本の領空に入った時点で日本に入国したことになりますが，その後空港に着陸してもまだ上陸したことにはならず，上陸には入国審査官による審査と許可が必要になる，ということです．

　有効な旅券を所持していない外国人は日本に入国することができず（3条1項），一定の感染症の所見がある場合や，一定の犯罪で刑に服したことのある場合などは日本に上陸することができません（5条）．

　上陸の審査では，有効な旅券の提示とともに，入国審査官の質問に答えて，上陸の目的や期間等を，必要な場合には査証（ビザ）を提示しつつ申告する必要があります．審査の結果上陸が許可される場合，入管法の別表に記載されているいずれかの**在留資格**が付与され，在留期間が指定されます．「短期滞在」と「外交」「公用」以外の在留資格で3カ月を超える在留期間が決定された外国人（＝中長期在留者）には在留期間中有効な**在留カード**（図7-2）が交付されます（19条の3他）．[5]

　外国人の出国は原則として自由です．国によって，出国時のチェックがない場合もありますが，日本の場合は入国審査官に出国の確認を受ける必要があります（25条）．出国しようとしている外国人が，死刑か無期若しくは長期3年以上の懲役または禁錮に当たる罪で訴追されていたり，その容疑で逮捕状が出ていたりする者として，関係当局から通知を受けている場合，入国審査官は出国

図7-2　在留カード

（出所）　出入国在留管理庁 HP（https://www.moj.go.jp/isa/
applications/procedures/whatzairyu_00001.html）より．

の確認を24時間まで留保することができ，その間にこの通知を行った当局に通報することになっています（25条の2）.

外国人は日本を出国すると，有していた在留資格がそれと同時に終了します. 在留資格を保持したまま出国して戻ってきたい場合には，**再入国許可**を得て出国することが必要です. もっとも，入国審査官に再び入国する意図を表明したうえで出国する場合には，再入国許可を受けたものとみなすことになっています（みなし再入国許可，26条の2）.[6]

外国人は，その意思に反して出国を強制される場合があります. それは**犯罪人引渡し**または**退去強制**の対象となる場合です.

4 犯罪人引渡し

犯罪人引渡しとは，犯罪の容疑者が外国に逃亡した場合，逃亡先国の当局の協力を得てその身柄を確保してもらい，引渡しを受けるという制度です. もっとも，国家は一般国際法上，自国領域内で外国人をかくまう権利（**領域的庇護権**）を有しており，犯罪の容疑者であっても引渡しの義務は負っていません. そこで各国は互いに条約（犯罪人引渡条約）を結んだり，相互主義の保証を条件としたりして，引渡しを行っています. 日本はアメリカと韓国との間で犯罪人引渡条約を結んでいますが，その他の国との関係でも，逃亡犯罪人引渡法という法律に基づいて引渡しを行っています.

犯罪人引渡しに関係する重要な国際法上の原則として，**政治犯不引渡の原則**があります. 国によって，政府と対立する政党の結成や，政府を批判する言論など，本来集会結社の自由や表現の自由に属する行為が犯罪（国家反逆罪など）として処罰の対象となる場合があり，これを政治犯罪といいます. 政治犯罪に問われて国を逃れてきた人は引き渡してはならない，というのがこの原則の趣旨です.

5 退去強制

　外国人が，不法に入国したり，定められた在留期限を超えて残留したり，在留中に重大な犯罪を行ったりした場合，退去強制の対象となります（24条）．ある外国人が退去強制対象者に該当する疑いがある場合，入国警備官が違反調査として取り調べ等を行うことができ，また容疑者を収容することができます．容疑者は入国審査官に引き渡されて審査を受け，その判断に異議がある場合は特別審理官の口頭審理を請求し，さらに異議がある場合には法務大臣の判断を求めることができます（27-49条）．入国審査官に退去強制の対象者に該当すると判断され，異議が認められない場合，退去強制令書に基づき退去強制処分が執行されますが，執行までの間容疑者は**収容**されることになっています（52条）．日本ではこの収容が長期に及ぶことが問題となっており，2021年には被収容者の女性が死亡するという事件も起こっています．

6 外国人の在留

　各国は外国人の入国と滞在を，主にその目的を基準として管理しており，入国の許可はその目的に照らし，一定の期限を付して与えられます．入国の目的から外れた活動や，許可の際に禁止された活動を行うこと，定められた期限をいたずらに超過して滞在することは退去強制（追放）の事由となります．

　日本の場合，先に述べたように，上陸許可にあたり，入管法別表に規定されたいずれかの在留資格が付与され，在留期間が指定されます．入管法別表の在留資格は，活動に基づく資格と身分に基づく資格に分けられ，前者はさらに，就労が認められる**就労資格**と，認められない**非就労資格**に分けられます．前者に属する就労資格には，たとえば「医療」や「介護」，「教授」などが含まれ，非就労資格にはたとえば「留学」があります．就労資格の場合でも，在留資格の上で認められた（たとえば「医療」の場合は「医療に係る業務」）以外の仕事（資格外活動）を許可なく報酬を得て行うことはできませんし，非就労資格の場合には働いて報酬を得ること自体が禁じられます．もっとも，「留学」の場合には

週28時間以内の資格外活動（＝アルバイト）が予め許可されています．観光が目的の場合は「短期滞在」の在留資格が付与されますが，これも非就労資格です．

身分に基づく在留資格には，一定の要件のもとに法務大臣が付与し，期限なく在留できる資格である「永住者」や，難民と認定された者など特別な理由を考慮して法務大臣が在留期間を付して付与する「定住者」，そして「日本人の配偶者等」など，日本国民や永住者との家族関係に基づく資格があります．永住に関して，**日本国との平和条約**の発効に伴って日本国籍を離脱した者（朝鮮半島および台湾の出身者）とその子孫には，一般の永住者よりも有利な（退去強制事由の限定，再入国許可の期間の延長等）処遇が「日本国との平和条約に基づき日本の国籍を離脱した者等の出入国管理に関する特例法（入管特例法）」により与えられていて，「**特別永住**」と呼ばれています．

日本は，たとえば工場で流れ作業に従事するとか，農家で雇われるとか，店員として働くとかといった，いわゆる単純労働を目的とした在留を認めてきませんでしたし，単純労働への従事を目的とした在留資格を認めることに対しては根強い反対もあります．しかし，将来にわたり日本の人口は減少し，労働人口が減っていくことは明らかで，労働力不足を何らかの形で補っていく必要があることも事実です．

その一方，日本には，発展途上国の人材が日本で技能を修得し，帰国後は自国の発展に寄与する，ということを目的とした「**技能実習制度**」が1993年から導入されています．これは制度の趣旨として，本来労働力不足の解消のために用いることができないもので，法律上もそのように規定されています．ところが，この制度は実際上，本来の趣旨から離れて人手不足への対処の方策として使われているという指摘がなされてきました．新型コロナウィルス感染症対策として技能実習生を含む外国人の入国が制限されたことで人手不足に陥る業界が出てきたことが，労働力としての技能実習生への依存が大きいことを示しています．さらに技能実習生が安価な労働力として取り扱われることによる問題（給与額など労働条件が約束と違っていたり，そのために実習先から逃げ出す，など）も生じてきています．

この状況の下で日本では，2019年から，建設，農業，外食など14の産業分野

に限って，人手不足への対応であることを前提とした在留資格である「**特定技能**」が設けられています．いわゆる「移民」の受入れに根強い反対がある中で，この制度が今後どのように運用されていくのか，将来の日本社会の在り方とも関連して，注目されるところです．

7 〉難民問題と国際法

　20世紀前半のヨーロッパでは，ロシア革命やナチスのユダヤ人迫害によって，大量の人々が国籍国を出ざるを得ない状況が続き，これらの人々を保護することが必要であるという認識が広くもたれるようになりました．国際連盟の下では，ノルウェーの探検家でもあったナンセンが中心となって保護活動が行われました．そして国際連合の下では，1950年に UNHCR が設置され，1951年に難民条約が成立しました．

　難民条約は難民を，「人種，宗教，国籍若しくは特定の社会的集団の構成員であること又は政治的意見を理由に迫害を受けるおそれがあるという十分に理由のある恐怖を有するために，国籍国の外にいる者であって，その国籍国の保護を受けることができないもの又はそのような恐怖を有するためにその国籍国の保護を受けることを望まないもの」（1条 A ⑵）と定義しています．難民条約の当事国は，自らが難民であるとして保護を求めてきた人に対し，その申請を審査する手続を設定して，難民と認定した人に対して，難民条約が規定する保護（一般の外国人よりも手厚く，滞在や生活を保障する）を与えています．UNHCR はもともと難民条約の履行監督を任務に設置されましたが，その後，難民条約を離れて保護が必要な人々にも活動を拡大していますし，難民条約については，難民認定の基準を示すハンドブックを作成するなど，国際社会における難民保護の中心となっています．

　難民条約上の難民（条約難民）に該当するかどうかとは別に，帰国すれば生命や自由を脅かされるおそれがある人を送還してはならないという，**ノン・ルフールマン（送還禁止）の原則**が，慣習国際法上の原則として存在するとされています．難民認定手続とともに，条約難民に該当しないが，ノン・ルフール

マンの原則に照らせば送還すべきではないとみなす人（たとえば，ウクライナから
の避難民のように，武力紛争を逃れてきた人）に対して保護を与える制度を備えてい
る国は多くあります（一般に「**補完的保護**」と呼ばれています）．

　人権条約（本書第8話参照）は国に対し，その管轄の下にあるすべての人に人
権を保障することを義務づける条約です．その運用上，人が送還された先で重
大な人権侵害を被る可能性が高いにもかかわらずその人を送還すれば，送還を
行う国が条約違反に問われることになる，という解釈がなされ，定着していま
す．先駆となるのが，1989年に出されたヨーロッパ人権裁判所の「ゼーリンク
事件」判決[7]で，それが他の人権条約の解釈に影響を与えているのです．また，
その後に成立した拷問及び他の残虐な，非人道的な又は品位を傷つける取扱い
又は刑罰に関する条約（拷問等禁止条約，1984年）や強制失踪からのすべての者の
保護に関する国際条約（強制失踪条約，2006年）は条約自体にノン・ルフールマ
ンの原則に関する規定（送還先で拷問や強制失踪の対象となる恐れのある人を送還する
ことを禁ずる規定）を置くようになっています．

　日本は1981年に難民条約に加入し，それまでの出入国管理令を出入国管理及
び難民認定法に改め，難民認定手続を規定しました．難民の認定は，本人から
の申請に基づき法務大臣が行うことになっています．審査結果が不認定となっ
た場合，法務大臣に審査請求を行うことができ，その際の審査には「法律又は
国際情勢に関する学識経験を有する者」から任命される「難民審査参与員」が
当たることになっています．審査請求でも不認定となった場合には裁判所への
提訴という手段があります．

　日本は難民条約をあまりに厳格に解釈していて，認定率が非常に低い，とい
う批判があります．また日本は，最近ではミャンマーの軍事クーデターやロシ
アのウクライナ侵攻に対応して，避難民を受け入れ，一定の保護を与える措置
をとるなど，臨機に対応を行っていますが，たとえば補完的保護を制度化して
おらず，外から見た場合に対応が曖昧に見えるということがあります．最近特
に浮き彫りになってきた入管施設での収容の問題も含め，制度的な対処が求め
られています．

注

1）米州機構（OAS）加盟国間で1969年に締結された，米州（南北アメリカ）の地域的
　人権条約．実施機関として米州人権委員会と米州人権裁判所を設置しています．
2）このように，出生時に親が自国籍であることに基づいて国籍を付与することを「**血統**
　主義」といいます．それに対し，親の国籍にかかわらず自国内で出生したことに基づい
　て国籍を付与する国もあって，この場合は「出生地主義」と呼ばれます．もっとも，諸
　国の国籍法は，以上のいずれかを原則としつつ，例外的に他方を採用していることも多
　く，たとえば日本の国籍法の 2 条 3 号は，日本で生まれて父母がともに不明である場合
　には日本国籍を付与すると規定しています．これは無国籍の発生を防止することを目的
　とした措置だということができます．
3）上記の改正によって子が出生の時点で無国籍となる可能性は薄くなりましたが，たと
　えば，日本で外国人の母から出生し，将来にわたって日本で生活していくことが予定さ
　れている子が，父が不明な場合，母の国籍は得られても日本国籍が得られないというよ
　うな問題はなお生じています．
4）例外として，北極地域にある，ノルウェー領のスヴァールバル諸島が挙げられます．
　同諸島は，1920年のスヴァールバル条約でノルウェー領であることが確定しましたが，
　同時に，同条約締約国の国民には，ノルウェー国民と同じ条件で同諸島における商業活
　動の自由が保障されました．その結果，日本を含む同条約締約国の国民は査証なく同諸
　島に入り，居住し，就労する権利を有しており，またさらに，ノルウェーは同条約締約
　国以外の国民にも査証なしの入島を認めています．
5）在留期間の制限がない永住者等の場合は 7 年．16歳に満たない者は在留期限と16歳の
　誕生日のいずれか早い日まで．
6）再入国許可の有効期限は在留期間の満了日か，出国日から 5 年後のいずれか早い日と
　なっていますが，みなし再入国許可の場合は 5 年後ではなく 1 年後が期限となります．
7）アメリカのヴァージニア州で 2 人を殺害してイギリスに逃亡した容疑者の，アメリカ
　への引渡しの可否が問題となった事件．人権裁判所は，引渡先で対象者がヨーロッパ人
　権条約 3 条に反する取扱いを受ける可能性が高い場合，引渡国であるイギリスに条約違
　反が生ずるとした上で，ゼーリンク氏は引き渡されれば死刑判決を受ける可能性が高く，
　ヴァージニア州で死刑囚が置かれる状況に照らすと，彼は非人道的な取扱いを受ける可
　能性が高いとして，彼を引き渡せばイギリスに条約 3 条違反が生ずると認定しました．

------------------------------------ HATENA ------------------------------------

第 8 話

人間らしく
生きるって？

はてなの
？
国際法

-------------------------- INTERNATIONAL LAW --------------------------

1 ▷ 国際法は人権と無関係？

　近代国際法は，17世紀頃に成立したといわれる**近代国際社会**を妥当の場として，その構成員としての主権国家の間の関係を規律する法として発展してきました．国家は主権を有することによって，他の国家に対し独立の存在であることを主張し，またその領土等において排他的な支配権を主張します．そのような状況で国際法は，もっぱら国家間の関係を規律するものと位置づけられ，他方で国家内の事柄はそれを**国内管轄事項**として基本的に規律の外に置いてきたということができます．

　そこでは，人権の問題といったものは国際法の関心事項ではありませんでした．つまり，国家が人権を保障するとかしないとかいう問題は，国家が自国民をどのように取り扱うかという問題に他ならず，それは各国家内の問題であって他国の口を挟むべき事柄ではないとされたのです．20世紀の初めから現在まで版を重ねているイギリスの著名な国際法教科書『オッペンハイム国際法 *Oppenheim's International Law*』の1905年に刊行された初版には，人の権利というものは国際法の関知するところではないという表現が使われていますし，その状況は基本的に第二次世界大戦まで続くことになります．

　しかし，国際法は個人の権利の問題に全く関わらなかったのかといえば，それはそうともいえません．つまり，条約の中に，個人の権利の保障を国家に義務づける規定が時に挿入されることがあって，たとえば1648年の**ウェストファ**

リア条約は，当事者に対し，その領地内における「各人の良心の自由」を保障することを義務づけています（7条）．

　ウェストファリア条約は，ヨーロッパにおける最後の宗教戦争となった30年戦争の講和条約として，16世紀に始まった宗教改革以来続いてきたカトリックとプロテスタントとの対立に，最終的な和解をもたらした条約でした．それまでカトリックとプロテスタントに分かれて対立し，幾度も戦争を行ってきた王や諸侯たちはこれ以後，各々の信仰を維持し，他の国王や諸侯の信仰に干渉しないということが合意されたのでした．

　ではその合意文書であるウェストファリア条約に，なぜ領地内における「各人の良心の自由」の保障義務が規定されたのでしょうか．それは，一言でいえば，和解によって生まれた君主間の安定した関係を再び不安定化させる要因を予め除いておく，という趣旨だったと考えられます．たとえばカトリックの君主の領地とプロテスタントの君主の領地が隣り合っていて，カトリックの君主の領地にプロテスタントの信者がいる場合，カトリックの君主が彼らを弾圧したり差別したりしたとします．その場合，隣のプロテスタントの君主としては同じ信仰を持つ者を守らねばならないという宗教的使命感から，あるいは，本当は領地を拡大したいというのが主な目的だけれども，彼らを救済するという名目のもとに，戦争を仕掛けるということになりかねないので，予めそのような弾圧などを行わない義務を各君主や領主に負わせた，というのが「各人の良心の自由」の保障義務挿入の主な理由であったと思われるわけです．

　このように歴史上，条約において個人の権利の保障が義務づけられたことはありますけれども，それはそのことによって当時の国際情勢に照らし考えられる国際関係の不安定化要因を予め除去しておくという趣旨でした．目的はあくまで国際関係の安定であり，個人の権利の保障ではなかったと言わなければなりません．では，国際法のレベルで人権の保障を追求するという動きは，どのようにして始まったのでしょうか．

2 なぜ人権の国際的保障が必要なの？

　第二次世界大戦の勝者となった**連合国**という枠組みは，1942年の新年に発せられた**連合国宣言**によって作られました．その連合国宣言は，連合国がこの戦争を戦う目的について述べていて，ひとことで言えば，この戦争は人権保護のための戦争であると位置づけています．それはこの戦争がナチスのドイツ，ファッショのイタリア，軍国主義の日本という全体主義国家との戦いであるという位置づけに対応したものでした．連合国は日・独がまだ降伏していない時点から戦後の国際秩序を担う機構としての国際連合の設立準備を始め，1945年春から連合国構成国が参加して開催された**サンフランシスコ会議**で国連憲章を採択します．このように国連はまさに連合国が作った国際機構であって，連合国が戦争目的として規定した人権保障は，国連憲章に反映して，次のような規定となりました．

　　第1条　国際連合の目的は，次のとおりである．
　　　⋮
　　　　3　……人種，性，言語又は宗教による差別なくすべての者のために
　　　　　人権及び基本的自由を尊重するように助長奨励することについて，
　　　　　国際協力を達成すること．
　　第55条　……国際連合は，次のことを促進しなければならない．
　　　⋮
　　　c．人種，性，言語又は宗教による差別のないすべての者のための人権
　　　　及び基本的自由の普遍的な尊重及び遵守
　　第56条　すべての加盟国は，第55条に掲げる目的を達成するために，この
　　　　機構と協力して，共同及び個別の行動をとることを誓約する．

　このように，人権保障の促進は国連の目的とされ，また加盟国の義務とされました．しかし，これらの規定は極めて一般的で，加盟国を義務づけたといってもその義務の内容は漠然としたものにとどまっていると言わざるを得ません．

そこで，人権に関する国際文書の作成が必要と考えられ，その起草が**経済社会理事会**の補助機関として設置される**国連人権委員会**に委ねられることになりました．

　その作業は**国際人権章典**（International Bill of Human Rights）として構想され，段階を経て行っていくこととなりました．つまり，まず諸国が保障すべき人権のカタログを提示する「宣言」を作成する．これには法的拘束力はありません．そして次の段階として，諸国を法的に義務づける文書としての「規約」と，その義務の履行を国際的に監督する仕組みとしての「実施措置」を作る．その「宣言」として採択されたのが皆さんもおそらくご存知の**世界人権宣言**であり，「規約」がこれもご存知の**国際人権規約**である，ということになります．

　世界人権宣言は国連第3回総会において決議として反対票なく採択されました．それは諸国が保障すべき基本的人権を，自由権，社会権の両分野にわたって規定しています．

　世界人権宣言は，フランス大革命の時代の1789年に作られた人権宣言の世界版であると言うことができます．とりわけその第1条はフランス人権宣言と極めて似通った規定となっています．そこには起草者の，人権のいわばルーツに帰ろうというメッセージが込められているように思われます．人権はもともと，絶対王政に対する抵抗のための理念として登場してきたものであって，それは「前国家的」な性格のものでした．つまり，地上のあらゆる権力を保持する絶対君主に対し，その君主にも侵すことができない一定の権利を，人が生まれながらに有する権利として主張するというのが，人権のまさにルーツであったわけです．

　しかし，市民革命期を経て立憲主義が浸透する過程で，人権保障は憲法の一部として規定されることになっていきます．それはもちろん，人権という理念の確立を意味するわけですが，それと同時に，人権の「前国家性」を曖昧にしていく効果を伴っていました．人権が「前国家的」概念ならば，憲法に規定されてもされなくても保障されるべきものであって，規定したとしても単にそのような権利があることの確認に過ぎないはずです．しかしそうではなく，人権は憲法で規定されるからこそ保障される，さらに，憲法や法律の認める範囲に

おいてのみ保障される，というような位置づけが現れてきました．その1つの例が大日本帝国憲法であると言えます．

　明治政府が憲法を起草するに当たってお手本としたドイツ帝国は第一次世界大戦で崩壊し，当時において人権保障の面で最も進んでいると言われた憲法をもつワイマール共和国が成立します．しかし，その共和国から，かたちの上では合法的な仕方でナチスが台頭し，国民の諸権利を制限し，さらにユダヤ人の組織的な大量殺害（ホロコースト）を実行したということは，人権の歴史の中で衝撃的な出来事であったといわざるを得ないように思います．このような歴史的経験の上に世界人権宣言は作成されたのであって，それが人権のルーツに立ち返り人権概念の「前国家性」を改めて確認するところから規定を始めていることには，それなりの背景があると言うことができるでしょう．

　世界人権宣言の採択後，国際人権規約の起草作業が行われましたが，宣言採択から18年を経た1966年に規約（＋実施措置）は成立することになります．その長いインターバルを経て，規約には2つの特徴が見られることになりました．1つは規約が，社会権を規定したそれ（経済的，社会的及び文化的権利に関する国際規約（社会権規約））と自由権を規定したそれ（市民的及び政治的権利に関する国際規約（自由権規約））に分けて作成されたと言うことです．その理由はいくつか挙げることができますが，1つには東西のイデオロギー対立，つまり，自由権を強調し，場合によっては社会権を否定する西側に対し，自由よりも平等を旨とし，社会権を強調する東側という図式での対立によるという側面があります．そして，もう1つには，この時期多数独立してきた旧植民地諸国が，保障に財源が必要となる社会権の保障義務を負わせられることに抵抗を示したことを挙げることができます．

　結果として規約は2つに分けられ，それぞれで国家が負う義務に違いがつけられました．保障に特に財源が必要でないとされる自由権は**即時実施義務**，一般には財源が必要とされる社会権については，当初から完全な保障は義務づけられず，財政的事情の範囲内で漸進的に実施すればよいという**漸進的実施義務**が設定されました．

　規約のもう1つの特徴は，両規約に共通の第1条に**自決権**が規定されたこと

です. 自決権は, 自らの政治的地位を自ら自由に決定する民族ないし人民の権利で, 一般には民族自決権, 民族自決の原則と呼ばれますが, 国連の枠組みでは人民の自決権という言い方がされています. 自決権の起源は市民革命期まで遡ると言われますが, 国際関係における重要な政治的原則としてクローズアップされたのが第一次世界大戦後であって, 中・東欧地域に新興諸国が誕生したのは, この原則を基礎とするものでした. 第二次世界大戦後はいわゆる非植民地化を支える原則として国連総会が1960年に採択した**植民地独立付与宣言**で確認されました. そして国際人権規約では, 共通第 1 条に規定されることで, 人民の自決が達成されていることが完全な人権保障の前提をなすという位置づけが与えられたと言うことができます. 自決が単に政治的原則にとどまらず国際法上の原則になっていることは**国際司法裁判所** (ICJ) も認めています[1]. もっとも, 非植民地化はほぼ終了し, 自決権はその役割を終えたとも言われますが, 独立国から分離する権利, あるいは独立国内で高度な自治や民主的政体を求める権利としてなお機能し続けるものと解するのが相当であると思います.

　先ほど, ウェストファリア条約について, それが人の権利の保障を規定したのは, 国際関係の安定, 平和のための手段であって, 目的ではなかったと述べました. それでは, 国連憲章に始まる人権の国際的保障はこの観点からどのように位置づけられるのでしょうか. 連合国が戦争目的として人権保障を掲げたのは, まさに全体主義諸国, つまり個人の権利よりも全体の利益を優先し, 人権を抑圧する傾向にある体制の諸国が戦争の原因を作ったという認識を背景とするものであったと言うことができます. 平和を破壊する傾向を内在させる全体主義の体制を生み出さないことが平和の保障となる. そのために人権の国際的保障は必要である, という考えに, それはつながっていきます. つまり, 人権保障は平和の手段であるという位置づけです.

　しかし, その後の人権の国際的保障の発展はこのような認識を超えて, 人権保障そのものを目的としてきたと言うことができます. 人権の国際的保障に対する連合国諸国の意識がどのようなものであったにせよ, 国際人権章典の起草作業に携わった国連人権委員会の中心メンバーたちは, 平和の手段ではなく目的としての人権保障を目指したと言えます. 人権の前国家性を再確認した世界

人権宣言第1条はそのことを端的に示していると言えるでしょう．また，国際人権規約や**ヨーロッパ人権条約**などの運用をみても，国家間で履行を監視する仕組みは導入されていますが，その利用はごく少なく，その一方で，後に述べる**自由権規約委員会やヨーロッパ人権裁判所**などへの個人からの訴えが盛んに行われています．人権条約の運用は個人の権利の保護と救済を充実させる方向へと進んできたと言うことができます．そのような展開を背景として国連総会が2000年に採択した**ミレニアム宣言**は，21世紀の国際関係を律する不可欠の価値として人権を謳っています．

③ 国の人権保障を見張る目

次に，人権条約に規定されている**実施措置**，つまり条約上設けられた国際機関が諸国の履行を監督する仕組みについて見ていきましょう．条約は一般には当事国がお互いに義務を負い合う関係で成立しますから，**相互主義**（相手国に義務を履行してもらうかわりに自国も義務を履行する，相手国が義務を履行しないのなら対抗措置として自国も履行しない）に基づいて守られていると言われます．しかし人権条約は，国家がその管轄内にいるすべての人に人権を保障する義務を課すもので，受益者は人ですから，ある国がその履行を怠った場合，相互主義に基づいて他の国も履行しないとなれば受益者の利益がますます損なわれることになります．だから人権条約の履行確保には相互主義は意味をなさず，何らかの仕組みが必要であるということで，国際機関による監督という方法がとられているのです．実施措置の運用のために条約上設けられている国際機関（自由権規約の自由権規約委員会，社会権規約の社会権規約委員会など）を**実施機関**と呼んでいます．

実施措置は大きく分けて**報告制度**と**通報制度**に分かれます．報告制度は国際人権規約など国連の枠組みで起草された人権条約に一般に組み込まれているもので，締約国が定期的に条約履行に関する報告書を提出し，実施機関の審査を受ける制度です．手続的に後にふれる**人権理事会**の**普遍的定期審査**制度と似通ったところがあります．審査の結果，実施機関としてその国の人権状況につ

いてどう評価するのかを示す総括所見が示されるのが今日では一般的になっていますが，条約違反を問う制度にはなっていません．締約国は総括所見を次回までの宿題として持ち帰り，所見で懸念が表明された事項を改善する（実施機関が重要だとみなす問題については特に追加の報告を求める）というサイクルが回ることによってこの制度はうまく機能するということになります．そのためには実施機関と締約国の間の信頼関係に基づいて「建設的」対話がなされることが必要で，またそのためには締約国の誠実さが求められます．その一方で，国からの情報のみに基づいて審査をしても実際の人権状況を前提としたものには必ずしもならないということもあり，そこで政府以外の，NGO 等から実施機関への情報提供が重要な鍵となってきます．日本についていえば，1999年の男女共同参画社会基本法の制定などはこの制度の成果と呼べるように思います．2008年に行われた国籍法改正（婚外子に対する差別の是正）や2013年の民法（相続法）の改正（法定相続分に関する婚外子差別の是正）は，直接には最高裁の違憲判断を受けてのものですが，自由権規約委員会の審査の場でも指摘されていたものです．しかし，たとえば死刑廃止などは色々な場で勧告されていますが，日本政府は頑として応じていません．

　次に通報制度ですが，これは締約国の条約違反に関する訴えについて実施機関が審理する手続です．ヨーロッパ人権条約など地域的な人権条約ではこの制度一本の場合が多いですが，自由権規約などでは当初から報告制度と併設されており，報告制度のみであった条約でも**女子差別撤廃条約**や先ほど述べた社会権規約のように議定書を作って通報制度を創設する傾向にあるといってよいと思います．欧州や米州，さらにアフリカでは人権裁判所が設けられ，その判断は拘束力を持ちます．それに対し，「委員会」が行う判断は「見解」などと呼ばれ，拘束力を持ちません．しかし，拘束力がないから無力であるということでは必ずしもないのであって，たとえばある事件に関し出された「見解」を無視していれば同種の訴えがまた起こされ，また違反が認定され，それが繰り返されるし，報告書審査でも当然に問題とされる，ということになります．

　先のミレニアム宣言での，人権が国際関係の基礎であるという言及がどれだけの射程をもつかは明確ではないものの，少なくとも今日の国際社会において，

国内の人権状況の負の側面が表沙汰になることは国益にとってマイナスであることはかなり明確になっています．「見解」に従わないことは国家にとって違法ではないとしても政治的にまずいということになりうるわけです．しかし，いわば確信犯的な国家には対処は難しい．このことは報告制度についても言えることですが，人権裁判所を設けている場合にも，判決執行の仕組みがない限り当てはまることではあります．なお日本は人権条約の通報制度に未だ入っていません．政府は加入を検討中だとしていますが，具体的な日程はまだ立っていないというのが現状かと思います．

　通報制度の下で個人が実施機関に訴えを起こすには，**国内的救済の完了**が要件となっています．つまり，実施機関に訴える前に，国内で利用できる救済手段（裁判で争うなど）を尽くしていること（尽くしても救済が得られていないこと）が必要なのです．これは，人権条約の通報手続は国内での手続を補完するものとして位置づけられていることを示しています．とすれば，まず重要なのは，国内の裁判などで人権条約の適用やその規定内容の実質的保障を確保すること，つまり，人権条約の国内的実施だということになるでしょう（日本は通報制度に入ってさえいませんから，なおさらのことです）．特に，人権条約が憲法に基づく国内法上の人権保障を超えた保障を規定していると解釈できる場合にそれは当てはまります．日本でも，人権条約を積極的に適用した裁判例が多く見られていますが，残念ながら最高裁ではこれまで，人権条約の保障が憲法より広いという主張が認められたことはありません．

　次にお話しするのは，人権条約の実施とは別に行われている国連機関の人権保障活動です．国連で人権問題を直接取り扱う機関として設けられていたのが，国際人権章典の起草に携わった国連人権委員会ですが，この委員会は国際人権章典の起草が一段落した頃から，それまでにも多数寄せられていた人権侵害の訴えに対応する仕組みを整えるようになります．

　1967年に経済社会理事会が決議1235を採択し，そこで人権委員会はすべての国等の人権問題を議題に掲げることを認められ，アパルトヘイトのような「一貫した形態の人権侵害」について徹底的に研究する権限を認められました．この決議により人権委員会は，当初は国別に，次いでそれと並行して拷問や強制

失踪などのテーマ別に，公開で審議することを始めました．1970年には経済社会理事会決議1503が採択されて，通報処理の手順が定められ，それに基づく1503手続と呼ばれる手続もスタートしました．しかし，特に公開の手続をめぐって，取り上げる国やテーマの選択に政治性が絡んでいるという指摘が様々になされました．その国連人権委員会の政治性が直接に指摘されたのが，第7代の国連事務総長アナンが2005年に作成した報告書においてでした．アナン事務総長は，このような政治性に基づく人権委員会の信頼性低下が，国連が目指すべき人権の主流化の妨げになる．そこで機構を一新し，政治性をできるだけ排除しその一方で常設のかたちで常に人権問題を審議できる機関を創設すべきだと主張しました．それが加盟国に受け入れられて発足したのが人権理事会であり，理事会は2006年の総会決議60/251により同年に発足することとなりました．

　以下では，人権理事会の活動内容について簡単に見ていきましょう．まず普遍的定期審査で，これは人権理事会で始まった特徴的な制度です．すべての国連加盟国の人権状況を，まさに普遍的，非選別的に公平に審査するのがこの制度の趣旨であって，第1巡目の審査が2008年から始まり，4年から5年毎に一回りすることになっています．審査の基準として，各国が締約国である人権条約の他，国連憲章や世界人権宣言などが挙げられています．先ほど人権条約の報告制度が手続的にこれと似ていると言いましたが，人権条約の場合は当然ながら当該条約の範囲での審査となるのに対し，この制度ではさらに広い視野での審査が可能となります．審査は国からの報告書と，**国連人権高等弁務官事務所**（OHCHR）や各種NGOからの情報提供に基づいて，他の国の目から見た，いわゆるピアレビューのかたちで行われます．そして審査の結果は「成果文書」にまとめられ，対象国にどのような勧告がなされたのか，そのうち対象国がどれを受諾しどれを拒否したのかが公表されます．このやりとりで注目されるのは，自国が入っていない条約が規定するような権利の保障に関し勧告がなされた場合，対象国は，自国は条約に入っていないから保障義務を負わない，という対応をまずしていないということです．そのような場合，対象国は，自国は当該条約の基準を満たしている，とか，その権利を保障できないのには理

由がある，という対応をすることがよくあります．つまり，指摘される権利が
自国でも保障されるべきものであることを前提とした対応をしているのです．
このような傾向は，条約を離れた一般国際法上の人権保障義務の確立に向かう
要素となり得るように思われます．日本は2008年，2012年，2017年に審査を受
けており，次の審査は2023年の予定です．指摘された問題の多くについて日本
政府はその都度検討していくと答えていますが，死刑の問題については一貫し
てその廃止等の勧告を拒否しています．

注

1）国際司法裁判所はナミビア事件判決（1971年6月21日）で自決権が国際法上の権利で
あると実質的に認め，さらに東ティモール事件判決（1995年6月30日）では，自決権が
国際法上の権利でありかつ体世的（普遍的）義務であると認めました．

2）ヨーロッパ評議会（EUと同じくヨーロッパ統合を目指す地域的機構だが，様々な分
野での条約締結を通じた緩やかな統合の達成を目的としている．2022年3月16日付でロ
シアが除名された結果，加盟国は46か国となっている）の下で1950年に成立（1953年発
効）した地域的人権条約で，実施機関としてヨーロッパ人権裁判所を備えています．

3）通報制度は，国家間の通報制度（締約国が他の締約国の条約違反について実施機関に
訴えを起こす制度）と，個人の通報制度（締約国の領域内または管轄の下において当該
締約国の条約違反により人権を侵害されたと主張する個人（またはその集団）が当該締
約国を相手取り実施機関に訴えを起こす制度）に分けられます．自由権規約やヨーロッ
パ人権条約などではこの両方が備わっていますが，圧倒的に件数が多いのは個人からの
訴えで，国家間の事件はヨーロッパ人権条約の下では16件（2022年6月現在，係属中の
事件を含まない）にとどまっており，自由権規約の下ではこれまで全く利用されていま
せん．国連で採択されたその他の人権条約では，人種差別撤廃条約が国家間の通報制度
を規定していますが，同条約の下で2018年に初めて，3件の通報（カタール対アラブ首
長国連邦，カタール対サウジアラビア，パレスチナ対イスラエル）が行われました．い
ずれも2022年8月現在，係属中です（前の2件については手続停止中）．

4）社会権規約については2008年の選択議定書（2013年発効），女子に対するあらゆる形態
の差別の撤廃に関する条約（女子差別撤廃条約，1979年採択，1981年発効）については
1999年の選択議定書（2001年発効）により，それぞれ個人の通報制度を導入しています．

5）アフリカ統一機構（現在のアフリカ連合（AU））が1981年に成立させた人及び人民
の権利に関するアフリカ憲章（バンジュール憲章，締約国数53）の下で2004年に採択さ
れた議定書において，アフリカ人権裁判所の設置が決定されています．

```
------------------------------------- HATENA -------------------------------------

第 9 話
輸入品って高い？

------------------------------ INTERNATIONAL LAW -------------------------------
```

1 〉 自由貿易秩序形成への動き

　第二次世界大戦の原因の1つは，1929年に始まった世界恐慌にあるといわれています．つまり，世界恐慌に対処するために当時の有力な諸国がいわゆるブロック経済の形成のかたちでとった保護主義的な貿易政策が，戦争の原因となったということです．当時，イギリスやフランスなど，多くの植民地を有していた諸国は，植民地と自国を1つの経済ブロックとして，その周りに高い貿易障壁を巡らせました[1]．当時の主要国の一員ではあったけれども後発の資本主義国で，必ずしも多くの植民地をもたなかった日本やドイツも，独自の経済ブロックの形成を試みました[2]．しかし，経済基盤の脆弱さから行き詰まり，恐慌の波を正面から被ることになりました．その苦境を脱するために日本やドイツ，イタリアといった諸国が，全体主義的な政権の下で対外進出を図る行動をとったことが戦争の一因となったというのです．

　その大戦に勝利したアメリカを中心とする連合国は，以上の経緯を教訓として，国際貿易秩序の再建に当たり，自由貿易をその基盤とすることを基本方針としました．また，世界恐慌から脱するために諸国が自国通貨を競って切り下げて輸出を拡大しようとしたことで為替レートが不安定となって，結局は貿易が縮小した経験に照らし，為替レートの安定が貿易拡大の必要条件であると考えられました．具体的には，まず①戦争によって疲弊したヨーロッパなどの諸国の復興をそのための融資を通じて図る，そして②安定した為替レートの下で

の為替の自由化を促進しつつ，③自由貿易体制を確立する，というのです．このうち，①と②に関しては，1944年7月にアメリカの保養地ブレトン・ウッズで連合国45か国によって開催された**連合国通貨金融会議**（ブレトン・ウッズ会議）で，**国際復興開発銀行**（IBRD，世界銀行（世銀））協定と**国際通貨基金**（IMF）協定が採択されました．

　IBRD は1946年6月に業務を開始し，当初は先に述べたように主として戦後復興のための融資活動を行いました．1960年代からは発展途上国の開発援助のための融資に重点を移すようになり，現在はもっぱらこの発展途上国向け融資を行っています．なお，IBRD は融資先が国または国が保証する民間企業に限定され，融資条件も比較的厳しくなっています．開発援助をより柔軟に進めるため，1956年には政府の保証を条件とせず民間企業に融資を行う**国際金融公社**（IFC）が設立され，1960年には IBRD から融資が受けられない途上国に無利子で貸付を行う**国際開発協会**（IDA）が設立されました．1985年に設立された**多数国間投資保証機関**（MIGA）を併せた4機構で「世界銀行グループ」を形成しています[3]．世銀グループの加盟国は，融資を受ける側の国と融資のための資金を提供する側（融資を受けられない側）の国に分かれています．日本は IBRD に1952年に加盟し，当初は融資を受ける側で，たとえば東海道新幹線は IBRD の融資を受けて建設しています．その後，1966年から融資のための資金を提供する側の国となり，2021年には192億9770万ドル（アメリカに次いで2番目）を出資しています．

　IMF は1947年3月から業務を開始しました．IMF は当初，当時唯一の金兌換通貨であった米ドルを基軸通貨とする固定相場制に基づいて，加盟国に対し対ドル為替レートの維持を義務づけました．ところが1960年代に入るとアメリカの国際収支が悪化し，1971年にはアメリカがドルの金との交換の停止を打ち出し，同年と1973年に輸入課徴金を通じたドルの実質切下げを行いました．それを受けて主要国の通貨は変動相場制へと移行することになり，IMF でもそれに対応して為替レート維持の義務を撤廃し，加盟国に安定的な為替相場制度のための協力義務を課すこととしました．

　IMF は，外貨が不足した加盟国に対し，必要分を IMF の準備資産から引き

出すことを認めています．しかしそれにはかなり厳格な要件が課されており，1990年代末に生じたアジア通貨危機のときには，韓国などが IMF の監督下で大幅な緊縮財政を義務づけられました．また，IMF は加盟国の出資額に応じて一定額の国際通貨単位 SDR（特別引出権）を割り当て，国際収支が悪化した国が SDR と引き換えに外貨を受け取る，という仕組みを設定しています．SDR は1969年に設定された当初，ドルとの交換が危うくなってきた金に相当するものという位置づけでしたが，変動相場制への移行に伴って金とのつながりはなくなり，現在では米ドル，円，英ポンドとユーロの加重平均でそのレートが設定されています．

　日本は1952年に IMF に加盟し，加盟当初は疲弊した国内経済の復興のため為替制限を行っていました．1960年代に入って自由化を推進し，1964年にはいわゆる「8条国」（IMF 協定8条の下で為替制限を行わない義務を負う国）に移行しています．

　③に関しては，戦後になって，法的枠組みの設定のために国際貿易雇用会議を開くことが計画され，1946年から47年にかけて準備会合が重ねられたうえで，1948年にキューバのハバナで開催され，そこで**国際貿易機関（ITO）憲章**（ハバナ憲章）が採択されました．ハバナ憲章は加盟国に対し高い関税を課すことを禁止し，数量制限などの輸入制限措置を撤廃することを求めるものでした．しかし，あまりに急進的な内容であると受け取られたことや，当初の推進国であったアメリカが保護主義的立場の上院で批准の承認を得ることができなかったこともあり，ハバナ憲章は結局効力発生に至りませんでした．

　しかしその一方で，国際貿易雇用会議の準備会合で，**ITO** の下で行われることになる多角的関税引下げ交渉を推進するための枠組みとして，1947年に**関税及び貿易に関する一般協定**（GATT，ガット．以下では日本で広く用いられているカタカナ表記のガットを使います）が成立していました．ガットとともに，ガットを早期に適用するための暫定適用に関する議定書が作成されて，1948年初頭から同議定書の締約国23か国の間でガットの暫定適用が開始されました．この「暫定適用」とは，ハバナ憲章の発効まで，という意味でしたが，上記のように，ハバナ憲章は発効に至らず，ITO は設立されませんでした．つまりガットを運

用するための組織的な基盤となるべき国際機構が結局成立しなかったということです．しかし，ガットは運用され続け，後で述べるようにガットの下で**多角的貿易交渉**が進展していきます．そしてガットは，自ら国際機構としての体裁を事実上整えていくことになりました[5)]．

　典型的な国際機構は，全加盟国を構成員とする審議機関である総会と，限られた加盟国で構成される執行機関としての理事会，そして事務局の３つの機関を備えています．ガットの国際機構化は，その締約国団が総会の役割を果たし，理事会を設置することで，そして ITO の設立準備のために設けられていた ITO 暫定委員会事務局が事務局の役割を果たすことで行われました．この事実上の国際機構化にともなって，「ガット」という用語は関税及び貿易に関する一般協定自体を指すとともに，この事実上の国際機構も指して用いられるようになりました．

　日本は1955年にガットに加入し，1963年に，輸入品に数量制限を課さない義務を負う「11条国」へと移行して，本格的にガットの貿易秩序に組み込まれることになりました．

2 ガットの多角的貿易交渉

　ガットの１条は，締約国に対し，関税および課徴金について原則として互いに**最恵国待遇**を付与する義務を課しています．

　貿易における最恵国待遇とは，その対象となる国からの輸入品の取り扱いを，最も有利な待遇を与えている（たとえば関税率を最も低く設定している）国よりも不利に取り扱わないことを意味します．

　この図9-1で説明してみましょう．A国は甲・乙・丙という３か国と貿易をしていて，この３か国からのある輸入品目にかける関税率を，丙・乙・甲の順でより高く設定していました．つまり，貿易相手国として甲国を最も有利に取り扱っていたことになります．ところが，A国はあるとき，丙国と通商航海条約を結び，丙国に対し最恵国待遇を与えることを約束したとします．そうすると，それ以後，A国は丙国を，それまで最も有利な待遇を与えてきた甲

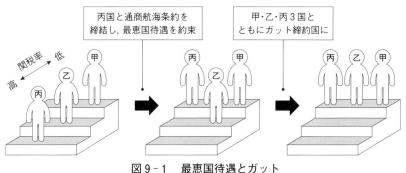

丙国と通商航海条約を
締結し，最恵国待遇を約束

甲・乙・丙 3 国と
ともにガット締約国に

図 9 - 1　　最恵国待遇とガット

表 9 - 1　　ガットの多角的貿易交渉一覧

1：1947年	ジュネーブ
2：1949年	アヌシー
3：1950-51年	トーキー
4：1956年	ジュネーブ
5：1960-61年	ディロン・ラウンド
6：1964-67年	ケネディ・ラウンド
7：1973-79年	東京ラウンド
8：1986-94年	ウルグアイ・ラウンド
9：2001年-	ドーハ・ラウンド（ドーハ開発アジェンダ）

国よりも不利に取り扱ってはならないことになりますから，少なくとも丙国に
対し，甲国と同等の待遇を与える義務を負うことになります．真ん中の図です．
　そしてさらにその後，A国と，甲・乙・丙国はともにガットの締約国とな
りました．ガットは締約国に対し，他のすべての締約国に最恵国待遇を与える
義務を設定しています．ということは，締約国は他の締約国を，最も有利な待
遇を与える形で平等に取り扱う義務を負うわけで，これが一番右の図になりま
す．このように，締約国の間に最恵国待遇のネットワークを作り，これを出発
点として多角的な貿易交渉を進め，自由貿易秩序を確立していく，というのが
ガットのやり方です．
　ガットの多角的貿易交渉はまず，関税引下交渉から始まりました．表 9 - 1

は，これまで行われてきた交渉を一覧にしたものです．最初の交渉で，ガットが成立しました．4番目の交渉までは，それが主に行われた地名が入っていますが，5回目からは，「ラウンド」という名称で呼ばれるようになっており，その開始を提唱した人や，最初の会合が開かれた地名が頭についています（いずれのラウンドでも主に交渉が行われているのはスイスのジュネーブです）．関税引下交渉は，**ケネディラウンド**で一括引下方式が合意された結果急速に進み，**東京ラウンド**は非関税障壁（関税以外の貿易障壁．補助金やダンピング防止税など）の削減や撤廃が併せて審議されるようになりました．ただ非関税障壁に関しては合意ができたものごとに協定が締結され，かつ協定ごとに締約国が異なるという事態になって，状況が複雑になった結果，「ガットのバルカン化」などという言葉も使われました．

　その一方，とりわけ1960年代に入ると，ガットが先進国の利益のみを追求しており，発展途上国の利害には配慮していないという批判が強くなりました．この頃になると，非植民地化が大きく進み，植民地から新たに独立した国々が国連をはじめとする国際機構に加盟し，ついには数において多数を占めるようになってきたからです．自由貿易秩序は競争秩序です．財やサービスの国家間での移転が盛んになることは売る方，買う方の両方の利益となるし，自由な競争の下でそれが行われることで各国の国民は安価な商品を手にすることができる，と考えられています．しかし，これは売るものをもっている国同士では成り立っても，国内産業の発展が十分でない途上国にとっては，あまり売る商品がなく，あっても先進国との価格競争に堪えられず，不利益のみを被ることになります．

　途上国がガットを中心とする貿易秩序に対し異議を唱える主な場となったのが国連，とりわけ1964年に国連総会の下部機関として設置された**国連貿易開発会議**（UNCTAD）においてでした．最恵国待遇のネットワークによってすべての貿易相手国を平等に取り扱うというガット主導の貿易秩序に対し，途上国は**一般特恵制度**の導入を求めました．一般特恵制度とは，すべての先進国が，すべての途上国からの輸入品に特恵を付与する，つまり相互主義に基づかず低い税率の特恵関税を一方的に適用することをいいます．途上国からの要求が強ま

るのをうけて，ケネディラウンドの1966年にガットが改正され，第4部「貿易および開発」が追加されました．そこでは，途上国の一次産品の世界市場への進出のため受諾可能な最大限度の特恵を適用することが必要であるとする一方，途上国に対し相互主義を期待しない旨の規定（36条4・8項）が置かれました．具体的には，一般特恵制度は1971年から10年間の期間を限った導入容認（ウェーバー（最恵国待遇付与義務の免除））の期間を経て，1979年，東京ラウンドの終了時に採択された締約国団の決議によって，恒久的な適用が認められました．

3　ウルグアイ・ラウンドとWTOの成立

　第二次世界大戦後の国際経済関係の中心となってきたアメリカの地位が1970年代に揺らぐようになってきたということについては既にふれましたが，経済力に陰りが見え始めたアメリカにはときに保護主義的な動きがみられるようになりました．特に，アメリカが不公正だとみなす取引相手国に対し制裁を科すことを規定した1974年通商法301条の発動が，他の先進国にとっての懸念材料となりました．この状況で貿易紛争の解決制度の拡充が課題として認識されるようになります．また，このころから経済のサービス化が急速に進み，従来の物品取引だけでなくサービス取引の自由化が新たな課題として浮上してきました．また，技術の高度化に伴い特許等の知的財産権の保護に関する取り決めも必要となってきました．

　ウルグアイ・ラウンドはこのような状況で始まり，それまでの中では最長の

表9-2　ウルグアイ・ラウンド最終合意文書

世界貿易機関（WTO）設立協定
附属書1A（物品の貿易に関する多角的協定）：1994年のガット等13協定
附属書1B（サービス貿易に関する一般協定　GATS）
附属書1C（知的財産権の貿易関連側面に関する協定　TRIPs）
附属書2（紛争解決に関する了解　DSU）
附属書3（貿易政策検討制度　TPRM）
附属書4（複数国間貿易協定）：政府調達協定等4協定

約 8 年間が交渉に費やされましたが，それは上で触れた様々な課題に関する議論が必要であったからだけでなく，かつて頓挫した ITO に相当する国際機構の設立も目指したからでした．ウルグアイ・ラウンドの結果，その国際機構として**世界貿易機関（WTO）を設立するマラケシュ協定**（6 つの附属書を含む）が採択されました．

WTO の設立（1995 年 1 月 1 日）によって，ガットがそれまで事実上担ってきた国際機構としての役割は終わり，WTO に引き継がれることになりました．また，物品貿易に関する諸協定（非関税障壁に関するもの等を含む）の他，サービス貿易や知的財産等に関する関連協定がすべて附属書 1 としてまとめられることにより整理され，それが協定本体の不可分の一部とされました．そのことでWTO 加盟国となれば附属書を構成する文書に等しく拘束される（附属書 4 に含まれる複数間貿易協定は除く）ことになり，既にふれた権利義務関係の錯綜（ガットのバルカン化）が解消することになりました．また，ガットの下では，ガットの下での紛争解決手続とは別に非関税障壁に関する協定ごとに紛争解決手続が設けられていたのも，**紛争解決了解（DSU）**で一本化されました．なお，附属書 1A に含まれる「1994 年のガット」は，恒久適用を前提とし，それまでガットに関して締約国団が行った決定等を盛り込んで規定し直されたものです．従来のガットはなお存続していて，これ以後は「1947 年のガット」と呼ばれるようになっています．

2001 年に始まった**ドーハ・ラウンド**は，ラウンドという名称が途上国から批判を受けて，正式には**ドーハ開発アジェンダ**と呼ばれています．この交渉は，2013 年に，輸出入の手続や制限などの速やかな公表やインターネットでの閲覧などを通じた貿易手続の透明化について定め，また貿易円滑化委員会を通じた，途上国に対する能力開発のための援助（途上国における貿易手続の不明瞭さに起因する問題の改善．輸出入手続の改善により途上国としても貿易・投資の拡大を見込むことができる）について規定した貿易円滑化協定（マラケシュ協定附属書 1A に組み入れ，2017 年 2 月 22 日発効）を採択した以外目立った成果はなく，事実上停滞しています．主要国は WTO の枠組みよりも限られた地域や諸国の間での**自由貿易協定（FTA）**や**経済連携協定（EPA）**の推進（これは特定の国の間でのみ有利な待遇を与

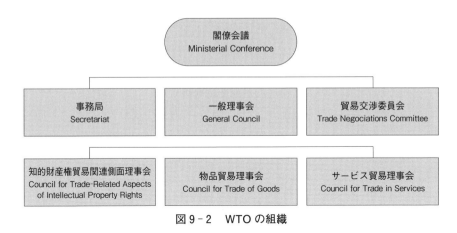

図 9 - 2　　WTO の組織

え合う仕組みであって，ガット /WTO と相容れないとも言えますが，域外との関係で貿易
障壁の拡大をもたらさない限り容認されています）に重きを置くようになっていると
も言われます．

4 ▷ WTO の紛争解決手続

　ガットは，締約国が，他の締約国のガット違反を主張する場合に利用できる
紛争解決手続を規定していました．他の締約国の違反を主張する締約国は，
まず相手国に協議を要請し（22条），さらに書面で申立または提案を行います（23
条 1 項）．それで解決しない場合には当該紛争を締約国団に付託することができ，
締約国団はこの事件について勧告または決定を行う（23条 2 項）とされていま
す．この締約国団での手続として，ガットでは**小委員会（パネル）**を設置して
審理を行うというかたちがとられていました．この手続が修正されたうえで
WTO に引き継がれており，それは紛争解決了解（DSU）に規定されています．

　WTO では，上記の締約国団の役割は，**紛争解決機関**（一般理事会がこれを務め
ることになっています）に割り振られています．

　上記の協議の要請が行われた場合，要請を受けた国は原則として10日以内に
これに回答し，かつ30日（緊急の場合は10日）以内に協議を行わねばなりません．

協議要請日から60日（緊急の場合は20日）以内に解決が図られない場合（解決不能と両当事者が認める場合はその時点で），要請国は紛争解決機関に対しパネルの設置を求めることができます（DSU4条）.

それを受けて紛争解決機関はパネルを設置するかどうかを決定しますが，DSUの下ではその決定は**ネガティブ・コンセンサス**方式で行われます．つまり，パネルを設置しないというコンセンサスが成立しない限り（＝1国でも設置に賛成する国がある限り）パネルは設置されます（DSU6条）．これは，それまでのガットの下での決定がコンセンサス方式（＝1国でも反対する国があれば設置されない）をとっていたため，特に違反を問われている国が反対すればパネルが設置できないという問題があったのを改めたもので，後に述べるパネルまたは**上級委員会**の報告の採択や対抗措置の発動許可に当たっても同じネガティブ・コンセンサス方式が用いられています．

パネルは，紛争当事国または実質的利害関係国の国民以外から選ばれる3名（紛争当事国の合意により5名とすることも可）の委員で構成されます．その資格要件はDSU8条1項に規定されていて，その要件を満たす委員の候補者の名簿が予めWTO事務局により作成されています（8条4項）．パネルの設置に当たり事務局は紛争当事国に対し委員の指名のための提案を行いますが，紛争当事国はやむを得ない理由がない限りこの提案を拒むことがきません（6項）．

パネル手続では，紛争当事国が互いに満足する解決が不可能な場合，パネルは自らの認定を報告書として紛争解決機関に提出し，WTO加盟国に送付します．紛争解決機関は，紛争当事国が上級委員会への上訴の意思を表明していない場合には，報告書の加盟国への送付から20日が経過して以後に報告書を検討し，60日以内にこれを採択します（16条）．

上訴機関である上級委員会は，関連分野で権威を有する専門家7名で構成される常設機関で，紛争解決機関が設置します（任期4年，2年ごとに3名／4名を改選）．上訴があった場合には委員3名が担当します．当事国は上級委員会の報告書が紛争解決機関で採択されると，これを無条件で受諾しなければなりません（17条）．

紛争解決機関はパネルまたは上級委員会の判断が当事国により実施されてい

るかどうかを監視することになっています．実施が紛争解決機関の定める期限
内に実施されない場合，申立国は代償措置の提案を行っても妥結しない場合に
は紛争解決機関に対し，相手国に対する義務の一時的停止というかたちでの対
抗措置の許可を申請することができます．相手国が義務の停止の程度などに関
し異議を唱える場合には，最初のパネルまたは事務局長が任命する仲裁人によ
る仲裁手続が用意されています（22条）．

5 日本が当事国となった事例

　WTO の紛争解決手続の下で日本は，2020年までに28件で申立国，16件で被
申立国となり，221件に第三国として関与しています．

　日本の相手国は，当初はアメリカやヨーロッパ共同体（EC（当時））が多かっ
たのですが，最近では韓国との間の事件が目立っています．アメリカに対して
日本が申立国となった事件では，主にアメリカのダンピング防止法制の，ダン
ピング防止協定やガット 6 条との両立性が論点となったものが多く，いずれも
上級委員会まで争われて，ほぼ日本が勝訴しています．韓国に対し日本が申し
立てた事件としては，日本からの農産物や水産物等の，放射能汚染を理由とし
た輸入規制に対し，日本が恣意的または不当な差別的措置であり（SPS協定（衛
生植物検疫措置の適用に関する協定）2 条 3 項），必要以上に輸入制限的である（5 条
6 項）と主張した事件があります．2018年 2 月のパネル報告は日本の主張をほ
ぼ認めましたが，上級委員会はパネルの認定を破棄しました．この事件で日本
は，放射能汚染の科学的根拠などを敢えて争わず，韓国側の措置の恣意性や差
別性を争いましたが，上級委員会は，この分野で適切な保護の水準（ALOP）
を決定する国家の権能を広く認め，当該措置の恣意性や差別性の認定基準を高
く設定した結果，パネルの認定が覆されたと考えられます．韓国の，ステンレ
ス棒鋼に対する反ダンピング税のサンセット・レビュー[6]が問題となった事件で
は，日本の主張をほぼ認めたパネルの判断に対し，韓国が上級委員会への上訴
の意思を明らかにしています．しかし，上級委員会は2017年から委員の改選に
当たって全加盟国の同意が得られない事態が続いて定員を満たせなくなり，

表 9 - 3　日本が関係した主な WTO 提訴事件

	被申立国／事件の主題	協議要請	パネル設置	パネル報告	上級委員会報告	報告採択	判　断
日本が申立国となった事件	カナダ／自動車産業に関する措置	1998.7.3	1999.2.1	2000.2.11	2000.5.31	2000.6.19	ガット1条1項・3条4項・GATS17条・SCM協定3条1項(a違反)
	アメリカ／1916年のダンピング防止法	1999.2.10	1999.7.26	2000.5.29	2000.8.28	2000.9.26	ガット6条1、2項・ダンピング防止協定1条・4.1条・5.1、2、4条・18.1、4条・WTO協定16条4項違反
	アメリカ／日本からの熱延鋼板に対する反ダンピング措置	1999.11.18	2000.3.20	2001.2.28	2001.7.24	2001.8.23	ダンピング防止協定2.1条・6.8条・9.4条・18.4条・WTO協定16条4項違反
	アメリカ／日本からの表面処理鋼板に対する反ダンピング措置のサンセット・レビュー	2002.1.30	2002.5.22	2003.8.14	2003.12.15	2004.1.9	ガット6、10条・ダンピング防止協定2、3、5、6、11、12、18条・WTO協定16条4項違反なし
	アメリカ／一定の鉄鋼製品の輸入に関する確定的セーフガード措置	2002.3.20	2002.6.14	2003.7.11	2003.11.10	2003.12.10	ガット19条1項a他違反
	中国／レアアース、タングステン、モリブデンの輸出関連措置	2012.3.13	2012.6.27	2014.3.26	2014.8.7	2014.8.29	ガット7・8・10・11条他違反
	韓国／放射性核種の輸入禁止及び検査と証明の要請	2015.5.21	2015.9.28	2018.2.22	2019.4.11	2019.4.26	SPS協定2条3項・5条6項違反なし（パネルの認定を破棄）
	韓国／空気圧伝送用バルブに対する反ダンピング税	2016.3.15	2016.7.4	2018.4.12	2019.9.10	2019.9.30	ダンピング防止協定3.1、2条・6.5条・6.5.1条違反なし
	韓国／ステンレス棒鋼に対する反ダンピング税のサンセット・レビュー	2018.6.18	2018.10.29	2020.9.30			ダンピング防止協定6.5条・6.8条・11.3条違反
	事件の主題　申立国						
日本が被申立国となった事件	酒税／EC	1995.6.21	1995.10.11	1996.7.11	1996.10.4	1996.11.1	ガット3条2項違反
	酒税／カナダ	1995.7.7	併合				
	酒税／アメリカ	1995.7.7	併合				
	写真フィルム及び印画紙に関する措置／アメリカ	1996.6.23	1996.10.16	1998.3.31		1998.4.22	ガット3条4項・10条1項違反なし、23条1項b)の利益の無効化・侵害認定せず
	農産品に関する措置／アメリカ	1997.4.7	1997.11.18	1998.10.27	1999.2.22	1999.3.19	SPS協定2条2項、5条7項違反
	リンゴの輸入に関する措置／アメリカ	2002.3.1	2002.6.3	2003.7.15	2003.11.26	2003.12.10	SPS協定2条2項、5条1項・7項違反
	韓国産DRAMへの相殺関税／韓国	2006.3.14	2006.6.19	2007.7.13	2007.11.28	2007.12.17	SCM協定1条1項(b)、14条違反
	韓国への輸出管理運用の見直し／韓国	2019.9.11	2020.7.29				係属中

(出所)　WTO HP より筆者作成.

2019年12月からは事件の担当に必要な３名を割り込んで，機能を停止しています．これは特にアメリカなどが上級委員会に不信をもつようになったことが原因とされていて，この事件の手続も停止された状況です．

　日本が被申立国となった初期の事件に，酒税に関するアメリカ・カナダ・EC からの申立があります．この事件では，日本が蒸留酒に関して，ウィスキー，ウォッカなどの洋酒に焼酎よりも高い税率を適用していたことが問題となり，洋酒と焼酎とでは購買層が違うという日本の主張は退けられ，理由のいかんにかかわらず税率に差を設けることはガット３条２項に反すると判断されました．これ以後日本は蒸留酒の税率を等しくする措置を取りました．ご家族など身近な方の中には，90年代半ば頃から洋酒の価格が下がったことを覚えておられる方もあるでしょう．

注

1) イギリスのそれはポンド・ブロックまたはスターリング・ブロック，フランスのそれはフラン・ブロック，アメリカのそれは汎米ブロックと呼ばれました．
2) 日本の場合は円ブロック．
3) IFC, IDA, MIGA への加盟は IBRD 加盟国に限られています．
4) 非関税障壁などについて規定するガット第２部については各国の現行国内法に反しない限度において適用するという条項を含んでいました．これは「祖父条項」と呼ばれます．
5) ちなみに，ガットそれ自体も発効に至ることはなく，その後の締約国も暫定適用に関する議定書への加入（または加入のための議定書を作成）によってガットの適用を受けるという方式がとられています．
6) 輸入相手国が，輸入品の価格を国内での販売価格よりも安く設定していて，その結果自国産業が損害を受けている場合，国はその品目に対して国内価格と輸出価格の差を上限として関税を賦課することができ（ガット６条），これをダンピング防止税（反ダンピング税）といいます．ダンピング防止税は，損害を与えているダンピングに対処するために必要な期間および限度においてのみ効力を有する（ダンピング防止協定11.1条）とされており，この措置を終了させるか継続するかに関して賦課国が行う調査をサンセット・レビューといいます．

第10話

地球は病気なの？

1 > 越境汚染と領域使用の管理責任

　国家は生まれながらに主権を有していること，そして主権という用語がどのような意味をもっているのかということについては，本書第5話で既に触れられています．ここでは，主権が国際法上もっている2つの意味（独立権と領域権）のうち，**領域権（領域主権）**について，もう少し詳しくお話しするところから始めたいと思います．

　近代国家はすべて，固有の領域（領土・領水・領空）をもつ領域国家であり，国家が主権の一側面として，各々の領域に対して有する権利を領域権といいますが，それには2つの側面があるとされています．それは，国家がその領域を自由に使用し，あるいは使用させ，処分する権利としての**ドミニウム**（dominium）の側面（本書第5話1節の物権説）と，国家がその領域内にいる人や財産などに対する支配権としての**インペリウム**（imperium）の側面（本書第5話1節の空間説）です．かつては領域権の本質がこの両者のいずれなのかについて論争がありましたが，現在では領域権は両者の側面を併せもつというのが一般的な考えになっています．

　そして，ここでお話ししたいのは主に領域権のドミニウムとしての側面についてで，この点において国家の領域権は必ずしも無制約なものではないということです．つまり，国家はその領域を，他国や他国民に損害を与えないような形で使用する，あるいは使用させる義務を負っており，国家の，その領域内に

おける活動，あるいは国家がその領域内において認めている活動から他国または他国民に損害が生じた場合には，賠償責任を負う，と考えられています．その責任は**領域使用の管理責任**または領域管理責任と呼ばれています．それは，国家は領域を自由に使用し，使用させることができるけれども，使用にあたって他国の国際法上の権利が害されないよう注意する責任を負うということです．この責任が論じられるようになったのはあまり古くはなく，20世紀の半ばころからなのですが，そのきっかけとなった著名な国際裁判の判決としてよく挙げられるのが，**トレイル熔鉱所事件**判決（アメリカ・カナダ仲裁裁判所 1941年3月11日最終判決）です．この事件では，カナダの熔鉱所から出た亜硫酸ガスがアメリカとの国境を越えてアメリカ国内の農作物や森林に被害を与えたということで，アメリカがカナダに損害賠償と将来の損害発生防止等を求めました．仲裁裁判所はアメリカの主張を部分的に認めつつ，一般原則として，国家は国際法上その領域を他国の領域や人体，財産に損害を与えるような仕方で使用する，あるいは使用させる権利を有しないと述べました（本書第3話1節参照）．

2 人間環境会議

この事件はいわゆる越境汚染（ある国で発生した汚染源が他国に被害をもたらす）の事案で，その解決の際に，領域管理責任の概念が仲裁裁判所によって提示されました．

越境汚染の事案というのは，一方の行為により他方が損害を被るという，大体において加害国と被害国が特定された事案で，そこでは国家の領域管理責任の概念は責任関係の特定において重要な役割を果たします．しかし，環境問題には，必ずしも加害国と被害国が特定できない問題，あるいは，各々の国が加害国であると同時に被害国でもある，という一連の問題群が存在します．**地球環境問題**とよばれているもので，**温室効果ガス**による**地球温暖化問題**や，**フロンガス**による**オゾン層破壊問題**が例として挙げられます．これらの問題がまさに地球規模で生じている問題で，土地の水没や皮膚がんの増加など，広範かつ重大な被害を生じさせる問題である以上，良好な環境を保つことを国際社会の

共通の利益として，各国が協力していく必要があります．

　しかし，ことは必ずしも簡単にはいきません．これらの原因となる物質は，ばい煙や水質汚染物質などのようにそれ自体が直接に害を生じさせるものではなく，経済の発展の過程で排出されるものであったり，それ自体非常に有用な物質であったりするので，規制しようとした場合に，特に先進国と発展途上国との間にしばしば温度差が生まれます．先進国が環境に対し危機感を強く持ったとしても，途上国からすればそれは先進国自らがかつてまいた種であって，今排出規制をすることは，将来に向けての途上国の経済発展を阻害するものだと考えるからです．しかし，国際社会は国連を中心として，1970年代から環境問題に取り組み，その過程で取組みにおける理念や，取組みの仕組みを作り上げてきました．以下，順を追ってみていきます．

　環境問題に対する国際社会としての取組みは，1972年にスウェーデンのストックホルムで，国連総会の特別会期として開かれた**人間環境会議**にはじまるといっていいと思います．当時，日本でも4大公害病といわれる水俣病，イタイイタイ病，四日市ぜんそく，新潟水俣病など様々な公害問題が進行中でしたが，ヨーロッパでは公害が1国内にとどまらず複数国にまたがるという問題が深刻化していました．この人間環境会議は北欧諸国のイニシアティブにより開催される運びとなったものでした．

　人間環境会議は26の原則を掲げる**人間環境宣言**を採択して閉幕しましたが，この宣言は原則21で，トレイル熔鉱所（スメルター）事件で示された原則，**トレイル・スメルター原則**を掲げています．また人間環境会議で，環境問題に関する諸国の協力の中心となるべき国連機関として**国連環境計画**（UNEP）の設立が決められました．しかし，会議において諸国は一枚岩ではなく，環境問題に対する意識の点で，先進国と発展途上国との温度差が明確になりました．

　途上国諸国は植民地からの独立を果たしてもほぼ例外なく経済的には苦しく，国民の生活を豊かにするために経済開発を急いでいました．開発が環境破壊を伴うことが避けられないのは，既に先進国が経験してきたことでありますけれども，一応の発展を遂げて環境の心配をしている先進国とは違い，途上国にとって優先すべきは開発，発展であって，環境問題は二の次，あるいは開発の

妨げになると考えられたのでした．そのような状況を受けて人間環境宣言は，原則13と14で環境と開発の調和をうたい，環境と開発は二者択一の問題ではないことを示したのでした．

③〉「持続可能な開発」と地球サミット

　人間環境会議の後，先進国では環境保護の取組みが進み，日本も例外ではありませんでしたが，一方で途上国における環境問題が深刻化し，他方で地球環境問題がクローズアップされてきました．先進国企業は安い労働力などを求めて途上国に進出していましたが，本国で環境規制が厳しくなってくると，規制の緩い途上国における先進国企業の活動が環境問題を生じさせる，いわゆる公害の輸出が問題となりました．さらにこのころ，主として熱帯地域で熱帯雨林の縮小と砂漠化の現象が進んでいることが問題として浮上してきました．それには様々な原因が考えられますが，途上国での人口増に伴う農地の拡大，特に焼き畑による拡大なども原因の１つと考えられます．そして地球温暖化などの地球環境問題が並行して表面化してきました．

　そういった状況を受けて，日本の提案により1983年に，委員長の名前をとって**ブルントラント委員会**と呼ばれる「環境と開発に関する世界委員会」が設置され，その委員会が1987年に公表した報告書「我々の共通の未来（*Our Common Future*）」は大きな反響を呼びました．特に同報告書が環境と開発の調和を目指すうえでの基本的理念として提示した，「**持続可能な開発**（sustainable development）」は，以下に述べるように，その後の環境問題への取組みにおけるキーワードとなっています．

　ところで，持続可能な開発とは，将来世代が自らのニーズを満たす能力を損なうことなく現代世代がニーズを満たすこと，を意味しています．今の世代で地球を食いつぶし，台無しにしてしまうことなく，将来の世代に責任をもって地球を引き継ぐことを前提として，しかしその範囲で現世代のニーズを満たすということです．それは，決して達成が容易なものではありませんが，達成する必要があるものだという意識を私たちは持たねばならないと思います．

　そしてこの持続可能な開発をキーワードに，人間環境会議から20年という節目の1992年にブラジルのリオデジャネイロで開催されたのが，**国連環境開発会議**，別名**地球サミット**です．1989年に冷戦が終焉を迎え，国際協調が進んでいく期待が抱かれていたこの時期に，具体的に環境と開発の調和を目指すべく，この会議は，基本理念と行動計画を記した**リオ宣言**と**アジェンダ21**という文書を採択しました．このとき**気候変動枠組条約**と**生物多様性条約**という，地球環境問題を主題とした条約も成立しています．

　リオ宣言（環境と開発に関するリオ宣言）は，ストックホルム人間環境宣言の再確認と発展の上に位置づけられ，「各国，社会の重要部門及び国民の間の新たな水準の協力を作り出すことによって新しい衡平な地球的規模の新たなパートナーシップを構築する」ことを目的として提示しました．そしてそこでは原則7として「**共通だが差異のある責任**」という概念が提示されました．これは，地球環境の保護に各国は共通の責任を有するが，その内実には差異があるという意味です．特に，先進国について「彼らの社会が地球環境にかけている圧力並びに彼らの支配している技術及び財源の観点から，持続可能な発展の国際的な追求において負う責任を認識する」という言及がなされ，先進国の負う責任の重みが強調されました．

　ただ，ここでいう差異というのはどういう差異なのか，に関してなお問題を残すことにはなりました．途上国は，環境への責任は，過去において経済発展の過程で環境を破壊してきたことを根拠として先進国が主に負うべきであると考えます．その一方，先進国は，現在において先進国が主な責任を負うことは否定しないが，それは環境保持にかかる科学技術と財源を先進国が有しており途上国は必ずしも有していないことに基づくもので，先進国がまず模範を示すが，将来にわたって途上国も各々の役割を果たすべきであると考えているのです．

　ただここでは，このように先進国が，自らが主な責任を負うことを認めたということが重要です．それは，環境保護のための国際協力を推し進めようとする先進国に対し，途上国が二の足を踏む傾向があったのに対し，差異ある責任を認めることで途上国の参加を促す効果が期待できるというメリットがあった

からです．いずれにしても，その差異ある責任の内容は個別の条約で具体的に規定されることになります．原則15では，環境を保護するためには，予防的な取組方法が各国の能力に応じてそれぞれの国で広く適用されなければならないと規定され，いわゆる**予防原則**が明確に取り入れられました．これは，環境への重大な影響を引き起こすことが懸念される技術なり物質なりについて，それと環境の悪化の間に因果関係が必ずしも立証されていない段階でも規制を加えることを可能とすべきであるという原則で，この会議で採択された気候変動枠組条約（3条3項）や生物多様性条約（前文9項）にも含まれています．

4 アジェンダ21→ MDGs → SDGs

さて，リオ会議でリオ宣言とともに採択された行動計画，アジェンダ21は，環境と開発に関連する問題として，途上国における貧困と対外債務，持続不可能な生産と消費の行動様式，人口問題にも言及しています．それは，それら開発を巡る課題の多くが環境に負荷を与えているという認識に基づくものでした．アジェンダ21とその実施の重要性は，1997年の国連特別総会（リオ＋5）（「アジェンダ21の更なる実施計画」を採択）や，2002年（リオ＋10）に南アフリカのヨハネスブルグで開かれた「持続可能な開発に関する世界首脳会議」（2回目の地球サミット）でも確認されています．

そしてその一方，20世紀最後の年，紀元2000年の千年紀に開催された国連ミレニアム総会は，国連ミレニアム宣言を採択し，その中で，その時点までに90年代に採択されていた様々な行動計画を総合する形で**ミレニアム開発目標**（MDGs）を採択しました．それは途上国の直面する様々な開発関連の課題の解決を目指し，8つの目標と，その達成のための21のターゲットを掲げました．たとえば，目標の1つである極度の貧困と飢餓の撲滅に関しては，2015年までに1日1.25ドル未満で生活する人口の割合を1990年の水準から半減させる，2015年までに飢餓に苦しむ人口の割合を1990年の水準から半減させる，というように具体的な数値を含むターゲットが設定されました．

このように，環境問題から作成されたアジェンダ21と，途上国の開発問題か

ら設定された MDGs とは，実はよく似た，共通する問題を取り扱っていることがわかります．そして2012年，リオ＋20に開催された国連持続可能な開発サミットは，環境保全に配慮した開発の重要性を確認したうえで，2015年を目標達成の期限としている MDGs に代わる目標として，**持続可能な開発目標**(SDGs) の議論を始めました．

　そして MDGs の達成期限である2015年に開かれた国連持続可能な開発サミットは，MDGs の達成状況を評価しました．たとえば，先に挙げた極度の貧困と飢餓の撲滅に関するターゲットでは，開発途上国では1990年に人口の47％が１日1.25ドル未満で生活していたのが，2010年には22％，2015年には14％まで減少していること，1990年から2015年の間に，10億人以上が極度の貧困から脱却し，発展途上地域における栄養不良人口の割合がほぼ半減したこと，といった一定の成果が示されました．このことは，途上国において一定水準の経済成長が達成されてきたことを示しています．しかしその一方，環境の持続可能性の確保に関しては，二酸化炭素排出量が1990年以降50％以上増加したり，世界の人口の40％が水不足に陥っていたりするなど，気候変動と環境の悪化が問題であることも浮き彫りになりました．

　2015年のサミットは，このような MDGs の評価の上に，2030年までの目標として持続可能な開発のための2030アジェンダを採択しました．それは，持続可能な開発の５つの要素として，人間・地球・繁栄・平和・パートナーシップを掲げました．目標達成を追求する中で「誰一人取り残さない」というスローガンにより，すべての人類を包摂することの重要性を強調し，さらにここで設定される目標がすべての国に共通の，普遍的な目標であるということを示しました．

　環境は先進国が取り組むべき課題，貧困等の開発問題は先進国が途上国を援助する問題という認識に立っていた MDGs に対し，先進国と途上国が互いに協力して取り組むという図式で目標を設定するということがなされています．その背景には，先進国と途上国双方が協力して解決すべき課題が増えたこととともに，特に**新興工業経済地域**（NIEs）の登場に象徴されるように，先進国，途上国という区分がそれ自体見直されるべきかと思われるような状況が生じて

いることがあるように思われます．

　MDGs に代わる2030年までの目標として採択された SDGs は，MDGs の一定の成果を受けて目標を17に拡大し MDGs で残された課題の解決を目指すものになっています．たとえば貧困の解消の問題は，全体の数値として MDGs の目標が達成されたけれども，アフリカのサハラ砂漠以南の地域などではなお問題が深刻です．また，地球温暖化は，抑制されるというよりも進んでいるという現状があります．SDGs を通じて，持続可能な開発という概念は，対象を環境問題にとどまらず，環境と密接な関連を有する問題，貧困，飢餓や教育，福祉といった問題に広げて，先進国，途上国の双方で取り組むべき課題が設定されるという方向に動いてきているということができます．

⑤ 地球温暖化問題と京都議定書・パリ協定

　この地球温暖化問題に関しては，先ほど言及した気候変動枠組条約がこの問題への対処のための条約です．日本も入っていますが，この条約のもとで原則として毎年，締約国会議（COP）が開催されることになっており，この条約の効果的な実施，とりわけ温室効果ガスの排出削減の具体的目標の設定等について検討することになっています．その３回目の会議（COP3, 1997年）が京都で開かれた際に採択されたのが京都議定書で，そこでは2008年から2012年までの間に，先進国の温室効果ガス排出量を1990年と比べて５％削減するという目標が立てられました．また，先進国が途上国への援助により当該途上国の排出量を減らすことができた場合にはその一定部分を自国の削減量に加えることができる，というクリーン開発メカニズムという制度を設定し，先進国だけでなく途上国での削減も推進することができる仕組みを作りました．その他，京都議定書では，排出量取引や共同実施メカニズムという，温室効果ガスの実効的，効率的削減を目指す仕組みが導入され，併せて**京都メカニズム**と呼ばれています．

　京都議定書の設定した期限が2012年に到来したのを受けて，2015年の第21回締約国会議（COP21）で採択されたのが**パリ協定**と呼ばれるものです．京都議定書採択当時と比べて，先ほど言及した新興工業経済地域，なかでも **BRICS**

と呼ばれる，ブラジル，ロシア，インド，中国，南アフリカといった国々の発展が進み，これらの国や地域からの温室効果ガス排出が大きく増加してきました（特に中国の排出量はアメリカを抜いて１位になっています）．そのため，このパリ協定で設定された削減目標（2020年から開始）は，先進国だけでなくすべての国を対象としたものとなりました．その目標は，長期目標として，気温上昇を産業革命前に比べ，２度よりも十分に低い水準に抑え，かつ1.5度までとするよう努力する，というものです．気温上昇を２度に抑えるためには2075年には温室効果ガス排出量を実質ゼロにする（排出量と，森林の光合成等による吸収量を差し引きするということです）必要があり，1.5度で抑えるためには2050年時点で排出実質ゼロとなっていなければなりません．さらに同じく1.5度で抑えるためには９年後の2030年の時点では，2010年と比べて45％の削減が必要となるとされています．しかし，目標達成のために動き出す最初の年の2020年時点で各国が設定していた目標値では，気温の３度上昇をもたらしてしまうということが明らかになって，2021年４月にアメリカのバイデン大統領の呼び掛けで開かれた首脳会議で，各国は目標値の引き上げを発表しました．日本も，それまで掲げていた，2030年までに2013年と比べて26％削減という目標にさらに上乗せして，13年と比較して46％減らすという目標を表明しました．パリ協定では各国が削減目標を５年ごとに見直すことになっていますから，さらに高い目標の設定が必要になる可能性もあります．その実現に向けた早急な取り組みが求められています．太陽光や地熱，風力といった再生可能エネルギーへの転換が急務であるとともに，[1]温室効果ガスを排出しない一方で，リスクを伴う原子力について，どのように取り扱っていくのかが問われています．

6 宇宙の環境問題

　最後に，少し視点を変えて，宇宙の環境問題について簡単に触れておきましょう．宇宙空間の，地球を回る軌道上には，多くの人工衛星が打ち上げられていますし，また国際宇宙ステーションで各国の宇宙飛行士が業務に従事しています．その軌道上を，もはや使用されなくなった人工衛星や打ち上げの際切

り離されたロケットの一部も回っていますし，それらが衝突して欠片となった
ものも多くあります．このような，軌道上にある残骸物を宇宙のゴミ＝**スペー
ス・デブリ**と呼んでいます（本書第3話4節参照）．これが運用中の衛星に衝突す
れば大きな損害が生じる可能性がありますし（たとえば1981年に旧ソ連の人工衛星
コスモス1275号がスペース・デブリと衝突して破壊され，自らデブリとなっています），船
外作業中の宇宙飛行士に衝突すれば（衝突速度は弾丸よりはるかに速いといわれま
す）生命にかかわる事故となります．地球周回軌道上のスペース・デブリは
1mm以上のもので1億個ほどあるといわれており，その対策が急務となって
いますが，デブリ自体の完全な除去は現在の技術水準では不可能です．国連の
宇宙空間平和利用委員会（COPUOS）で検討が行われており，新たにデブリを
出さないことを目指したガイドラインが設定されています．

注
1）大規模に太陽光パネルを設置できる場所が限られている日本では，太陽光発電には限
　界がある一方，海に囲まれていることを活かした洋上風力発電（海洋上に風力タービン
　を設置して発電を行う）が有力視されています．2018年には海洋再生可能エネルギー発
　電設備の整備に係る海域の利用の促進に関する法律が制定され，秋田県の男鹿半島沖で
　2028年運転開始を目指すこととされています．

第11話

国連は世界の政府？

1 国際機構とは何か

　皆さんは外国に手紙を送ったり，ネットショッピングで外国から郵送で商品を取り寄せたりしたことはありませんか．たとえば日本から手紙を出すとき，日本の切手を貼って，つまり日本郵便に料金を払って出せば，それが外国の宛先に無事届く，ということを不思議に思ったことはありませんか．

　送り先の外国で宛先まで手紙を届けるのは，その国の郵政当局または郵便事業者であって，日本郵便ではないのに，日本郵便に料金を払っただけで手紙が届く，しかもそれがどこか特定の国に限られるのではなく，世界中どの国にも届く，この仕組みは**万国郵便連合**（UPU）という国際機構によってつくられています．こんな名前の国際機構は初めて聞いたという方もいるかもしれませんが，国際連合（国連）という名の国際機構ならばご存知でしょう．その他，たとえば新型コロナウィルス関連の報道でよく出てきた**世界保健機関**（WHO）や，世界遺産の認定を行っている**国連教育科学文化機関**（UNESCO）などはご存知かもしれません．

　しかし，国際社会にはもっと多数の国際機構が存在しています．それは少なくとも300に近い数にのぼります．もっとも，国際機構の数について確定した数字を示すのは困難です．それは国際機構の定義が必ずしも定まっていないからです．しかし，だからといって国際機構とは何か，ということをはっきりさせずにおくと，この後のお話に差し支えてきますから，ここで一応の，しかし

大雑把なということではなく，私たちになじみのある国際機構であればほぼ当てはまる，定義をしておこうと思います.

　国際機構とは，①一定の目的のために，②国家をメンバーとして，③国家間の合意（＝条約）によって設立され，④国際法上独自の法主体性を有するものである，ということです. このような定義を前提にする限り，国際社会における国際機構の法的な位置づけは，国内社会における会社などの法人の位置づけと似ています. 法人とは，一定の目的のために，国内社会の構成員である自然人をメンバーとして，合意（＝定款など）に基づいて設立され，国内法上独自の法主体性（法人格）を有するものであるからです. そこで，このような国際機構の定義の仕方を，「法人説」と呼ぶことがあります.

　今日，国際機構の活動は国際安全保障から経済的，社会的国際協力（貿易や金融，人権，環境など多様な分野を含みます）まで，非常に多岐にわたっています. それは本書の各該当箇所で触れられていますので，この第11話では，国際機構の歴史や組織を中心としたお話をしていこうと思います.

②〉国際機構の歴史

　国際機構の歴史には，２つの道筋があります. それは平和の維持のための国際機構の展開の道筋と，経済的・社会的国際協力のための国際機構の展開の道筋です.

　諸国が協力して，平和を維持する，つまり戦争が起こらないようにする仕組みを作ろう，という考えは，中世の時代からあったといわれます. 特に著名なのは18世紀の哲学者カントで，カントは『永久平和論』を著し，諸国が「平和のための連合」を創設して軍備縮小を行うことなどを提唱しました. これは後の国際連盟，国連に通じる構想でしたが，当時においては受け入れられませんでした. 当時，ヨーロッパの主要国は安全保障のための手段として**勢力均衡**に依拠しており，すべての国家の参加する「平和のための連合」が創設できるような政治的基盤がなかったからでした.

　しかし，第一次世界大戦後，「平和のための連合」は国際連盟として実現す

ることになります．武器の生産能力や輸送能力が限られている時代，戦争は，戦争がない時期に蓄えておいた軍備を，いわば消費しながら行われていましたが，生産，輸送能力が高まってくると，武器を作り，輸送しつつ戦争を行うことが可能となってきました．戦争は軍隊対軍隊だけではなく，国民対国民で戦われる（**総力戦**）ようになったわけです．そうすると，戦争の当事者は互いに敵国の生産手段（工場など）と輸送手段（鉄道など）に打撃を加えることに戦争遂行上の利益を見出すことになります．そして第一次世界大戦においては，これら後方の，**文民**が働いている施設等への攻撃が，航空機の戦争への参加などを通じて大規模に行われるようになりました．そのため，当事者双方において文民の被害が増大し，都市機能が破壊されることととなり，結果として敗戦国だけでなく戦勝国も疲弊してしまった，というのが第一次世界大戦後のヨーロッパの状況でした．敗戦国のみならず戦勝国においても，二度とこのような悲惨な戦争はごめんだという，厭戦の意識が高まっていました．

　このような事情が，アメリカ大統領**ウィルソン**の「**14か条**」に含まれていた，国際平和機構の創設をヨーロッパの首脳が受け入れ，国際連盟の創設に至った背景にはあったということができます．

　このようにして，歴史上はじめて平和の維持を目的とした国際機構である国際連盟が，国際連盟規約という設立条約に基づいて誕生しました（国際連盟は経済的社会的国際協力も視野に入れており，その意味で歴史上初の**一般的機構**であったともいえます）．国際連盟は戦争が起こらないようにする仕組みとして，**集団安全保障**を採用し，併せて軍縮の推進を謳いました．しかし，集団安全保障体制の不十分さや，大国の相次ぐ脱退などのために第二次世界大戦を防げず，その機能を停止しました．

　第二次世界大戦後，連合国により連盟を引き継ぐ一般的機構として創設された国連は，集団安全保障を引き続いて採用し，連盟の経験に照らしてその強化を図るとともに，制裁措置の発動を加盟国に義務づける権限をもつ**安全保障理事会**を設置しました（本書第12話2，3節参照）．また国連はその実行において，設立条約である国連憲章には規定のない活動である，**平和維持活動**（PKO）を生み出しています（本書第12話4節参照）．

　経済的社会的国際協力を目的とする国際機構の起源は19世紀半ばに遡ります．この時期，産業革命の進展と市場の拡大，交通手段の発達によりヒトとモノの国境を越えた移動が活発に行われるようになった結果，様々な行政事務が，従来のように各国ごとに別個に行っていたのでは非効率になるという事態が生じていました．最初に述べた国際郵便がその例です．そのため各国は，特定の分野における行政当局間の協力の推進を目的とした条約を締結するようになります．UPU の前身である一般郵便連合が国際郵便条約に基づいて成立したのが1874年ですが，その前後から，国際電気通信連合や国際度量衡局等の創設が相次ぎました．

　これらは国際行政連合と総称されましたが，それは国際機構としては，萌芽的なかたちのものであったということができます．それは特に組織構造において明らかで，国際行政連合には国際事務局が置かれましたが，総会や理事会に相当する意思決定機関はなく，締約国の会議は開かれましたがそれは条約の改正を議論する場でした．

　国際連盟規約は，これら「既存ノ国際事務局」を，当該条約締約国の同意があれば自らの指揮下に置くと規定しましたが，それに従って指揮下に入ったのは，国際連盟と同時に創設された**国際労働機関**（ILO）のみで，他の「国際事務局」は，政治的機構である連盟の指揮下に入ることで業務の円滑な運営が阻害されるおそれがあるとして指揮下には入りませんでした．

　国際行政連合と呼ばれていた機構は，たとえば UPU が第二次世界大戦後に，万国郵便連合憲章の下で総会に相当する大会議と，執行理事会，郵便研究諮問理事会を備えたように，国際機構としての体裁を整えていきました．その一方，国連との関係では指揮下に入るという上下関係ではなく，連携関係という対等な関係に立つ**専門機関**として位置づけられ，その国連は経済的社会的国際協力の推進のための理事会として経済社会理事会を置きました．また国連の下では，経済的社会的国際協力に分類される人権の国際的保障が大きく進展しました（本書第8話参照）．

3 〉国際機構の分類と相互関係

　国際機構には，国連や WHO など，世界のすべての諸国の加盟のために開かれているものと，ヨーロッパやアフリカなど，一定の地域において，当該地域の諸国の加盟を予定しているものに分けられます．前者を**普遍的機構**，後者を**地域的機構**と呼びます．もっとも，たとえばアジア開発銀行（ADB）に欧米先進国が加盟しているように，地域的機構でも必要に応じ，他の地域の特定の国の加盟やオブザーバー参加を認めている場合があります．

　国際機構の設立目的は多岐にわたりますが，大きく分類すると，平和の維持と，経済的社会的国際協力に分けられます．たとえば国連は，その2つの分野の双方を目的としているので，その意味で**一般的機構**と呼ばれます．それに対し，2つのいずれかにつき，特定の分野を対象としている（たとえば国際労働機関（ILO）は労働の分野，WHO は保健の分野）機構を**専門的機構**と呼んでいます．

　国連は，経済的社会的国際協力のために，一定の普遍的・専門的機構と連携関係をもっており，それらの機構は国連の「専門機関」と呼ばれています[1]．国連と「専門機関」との連携関係は「専門機関」と国連の経済社会理事会との間で結ばれる連携協定によって決められています．その内容は様々で，ILO のように予算を国連のチェックに委ねるような親密な関係をもつ機構もあれば，国際復興開発銀行（IBRD）のように金融機関としての独立性を担保するために国連と距離をとっている機構もあります．

4 〉国際機構の組織構造

　国際機構はメンバーである国家（＝加盟国）によって運営されますが，その目的の達成のために国際機構が採用している基本的な組織構造はほぼ共通しています．つまり国際機構は一般に，① 総会，② 理事会，③ 事務局，という三部構成をとっているのです．① 総会は，全加盟国によって構成され，全加盟国の代表が一堂に会して討議や議決を行う場で，機構の目的達成に必要な事柄につき議論し勧告等を行うほか，機構の予算等の財政にかかわる事項や，加盟

国の地位に関する事項（新規加盟の承認や除名など）についての決定を行います．
② 理事会は一般に限られた数の加盟国によって構成され，執行機関としての
役割を果たします．総会が，たとえば年に1会期など，限られた期間しか開か
れないのに対し，理事会は，問題が生じれば直ちに会合を開くなど，日常的に
臨機応変の活動ができる仕組みを有しています．③ 事務局は，資料を収集し
報告書を作ったり，予算案等を作成したりするなど，総会や理事会の任務の遂
行を助ける役割を果たす機関です．事務局は長と職員で構成されますが，総会，
理事会が加盟国で構成されるのに対し，事務局の構成員はすべて個人資格で採
用され，出身国からは独立して職務を行うことになっています．そのような事
務局の構成員は**国際公務員**（international civil service）と呼ばれます．

　事務局の職員の人事権は長が有しています．職員の雇用等の労働問題を巡っ
て紛争が生じた場合，その解決のための手続を機構が準備しておく必要があり
ます．たとえば解雇されて，それを不当と考える職員が長あるいは機構を相手
取って，その機構の本部が置かれている国の裁判所に訴えを提起したとしても，
裁判権免除（機構は国内の裁判所において被告とはならない）によって，訴えは却下
されることになるからです．

　国際機構や機構に派遣される加盟国の代表者，機構の職員などは加盟国にお
いて，外交使節団や外交官，領事機関や領事官などが接受国で有する特権免除
（本書第6話）に類する特別の取扱いを受けることになっています．たとえば国
連憲章105条は，国連が「その目的の達成に必要な特権及び免除を各加盟国の
領域において享有する」．「これと同様に，国際連合加盟国の代表者及びこの機
構の職員は，この機構に関連する自己の任務を独立に遂行するために必要な特
権及び免除を享有する」と規定しており，その詳細は1946年に成立した**国際連
合の特権及び免除に関する条約**（国連特権免除条約）に定められています．た
とえば国連の構内は不可侵ですし，国連の収入や財産は直接税を課税されません．
そして国連は加盟国におけるあらゆる訴訟手続を免除される（裁判権免除．加盟
国の裁判所において被告になることはない）と規定されています．

　日本に本部を置く**国際連合大学**（UNU．国際連合大学憲章（1973年に国連総会で採
択）に基づいて設置された研究・教育機関で，国連の組織の中では，総会の補助機関に位置

づけられています．以降は国連大学と表記）の職員であった日本人女性が，雇用を不当に打ち切られたとして，国連大学を相手取って行った訴えに対し，東京地方裁判所が国連特権免除条約の規定する裁判権免除に基づき却下の判断を下した例があります（**国連大学事件**）[2]．

　この事件で東京地方裁判所は，国連大学は国連組織内の「自治機関」（国連大学は総会の補助機関だけれども，その研究・教育機関としての位置づけに照らして高度の自治を認められているため，このように呼ばれています）として，独立の法人格を有し，日本の国内法上も訴訟当事者能力を有すると認められるので，原告が国連大学を被告として訴訟を提起したことは適法である，としました．その一方で国連大学は日本において裁判権免除を享有しているので，原告の請求は却下されねばならない，と結論しました．

　この判決で東京地裁は，本件原告の救済は機構内での救済手続によるほかないと述べています．機構内の労働問題の解決のためには，機構内に裁判所を設置しておく必要があるわけです．そのため国連では国連行政裁判所というものを設置していましたが，上訴の制度がなく（当初は国際司法裁判所に勧告的意見を求めることができましたが，1996年から廃止されました），また訴えを起こすことができるのが国連事務局の職員に限られる（そのため，国連内の自治機関という位置づけの国連大学の職員には提訴の権利がなく，訴えを却下した東京地裁もその点を懸念していました）といった点で問題がありました．現在ではそれに代わって**国連紛争裁判所**（ニューヨーク・ジュネーブ・ナイロビ）と**国連上訴裁判所**（ニューヨーク）が設けられて上訴が可能となり，提訴できる職員の範囲も，自治機関のうち「別個に運営される基金および計画」（国連児童基金（UNICEF）や国連環境計画（UNEP）など）に拡大されています．

　事務局の長は，機構によって事務局長，事務総長，総裁など，様々な名称で呼ばれます．長は事務職員の長であることはもちろんですが，ときに政治的役割を担うことがあります．それは国連の事務総長において特に顕著で，これまで事務総長は，総会や安全保障理事会の要請を受けて（またときに自らのイニシアティブで）① 国連の基本的政策を立案したり，② 紛争解決のための活動をしたりしてきました．①については第2代の**ハマーショルド**事務総長の「予防外

交」, 第6代のブトロス・ガリ事務総長の「平和への課題」, 第7代のアナン事
務総長の「人権の主流化」などが挙げられます. ②に関しては, 第3代のウ・
タント事務総長のベトナム和平に向けた活動, 第5代のデクエヤル事務総長の
イラン・イラク戦争の停戦およびカンボジア和平のための活動やレインボー・
ウォーリア号事件の仲裁などがあります.

5 〉国際機構の表決手続

　国際機構は加盟国から独立した法人格を有しており, 機構独自の意思決定を
行う権限と仕組みを備えています. 国際機構の主な意思決定機関として挙げら
れるのが総会と理事会ですが, そこでは, 機構や機関の目的や機能に対応して,
様々な表決手続が採用されています.

　表決手続として最も一般的に採用されているのは, 各構成国に1票を割り当
て（1国1票）た上での多数決です. 国連の前身の国際連盟では全会一致が原
則とされていましたが, 国連ではすべての機関で多数決が採用されていますし,
他の国際機構でも多数決が採用されるのが通常です. もっとも, 特に重要な問
題に関する表決については, 単純多数決（投票国の過半数）ではなく, たとえば
投票国の3分の2の多数が必要とされたり（国連総会における「重要問題」の採択）,
構成国の3分の2が必要とされたり（国連憲章改正案の採択）する場合もあります.

　以上のように1国1票の多数決が一般的なのですが, 機構や機関の目的や機
能に対応して, 特殊な表決手続が採用される場合があります. その代表的なも
のを2つ挙げると, 国連安全保障理事会の表決と, 国際復興開発銀行（世界銀
行, IBRD）総務会など, 金融関係の国際機構において採用されている加重投票
制です. これらはどちらも一部の加盟国に有利な制度で, 主権平等の原則から
外れる制度だといわざるを得ませんが, 導入には各々理由があります.

　ご存知の方も多いと思いますが, 国連安保理では常任理事国がいわゆる拒否
権（自国のみの反対で決議の成立を阻止できる）を有しており, これは常任理事国に
特権を与えるもので主権平等に基礎を置く国連の趣旨に反する, 拒否権行使の
ために安保理がしばしば機能不全に陥っている, といった批判がなされていま

す．その批判は的を射たものなのですが，拒否権の存在理由を敢えて挙げれば，
それは，安保理が発動を決定する権限を有する**強制措置**（制裁措置），特に軍事
的強制措置（武力制裁措置）を，軍事的に大国である常任理事国が対立したまま
で発動した場合に，実質的に第三次世界大戦を招くことになりかねない，だか
ら拒否権は必要だ，ということは言えます．しかし，常任理事国であるロシア
のウクライナ侵攻を前にして安保理が全く動けないことを目の当たりにすると，
矛盾を感じざるを得ない人も多いでしょう．

　このグラフは，国連設立から2020年まで，5年区切りで国別の拒否権行使回
数を示したものです．全体としてソ連（ロシア）とアメリカの回数が多いです
が，初期には新規加盟の承認を巡ってソ連が行使した例が多く，70年代からは
パレスチナ問題を巡るアメリカの行使が目立っています．冷戦の終焉を迎えて
行使数は一時激減しますが，最近ではシリア内戦など中東情勢を巡ってロシア
と中国が時に共同で行使する例が増えてきています．

　国連の設立経緯に照らせば，拒否権は，常任理事国が「4人（フランスを加え
て5人）の警察官」として国際平和の維持に貢献する役割を担っていることを
前提に与えられていることに目を向けることが必要です．

　次に世界銀行などで採用されている加重投票制です．世界銀行総務会の例で
説明しますと，世界銀行加盟国は基礎票に加えて出資額に応じた票数をもつこ
とになっています．世界銀行加盟国は，もっぱら出資をする側で融資を受けら

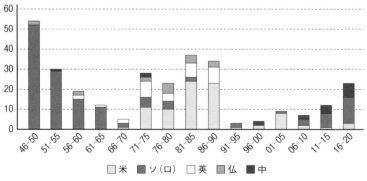

図11-1　安保理常任理事国の拒否権行使

れない国と，融資を受けることができる国に分かれていて，数の上では，発展
途上国で構成される後者が大きく上回っています．

　その状況では，１国１票の表決制度にすれば融資を受ける諸国の主張が通り
やすく，出資国の主張が通りにくくなるだろう，ということは予測できると思
います．国際社会において，経済的にも政治的にも弱者の立場にある途上国は
唯一，数の力によって優位に立つことができ，実際，国連などでは，途上国が
結束して既存の国際秩序の改革を求め，たとえば，**新国際経済秩序**（NIEO）の
樹立を主張した時期がありました．

　世界銀行は加重投票制によって，途上国がその数の力を発揮できない仕組み
をつくっていて，国際社会の弱者の利益を尊重していないように見えます．し
かし，融資のための資金を出すのは先進国であって，先進国の意見が通らず，
その結果先進国が協力を拒むようなことになれば，銀行としての業務は滞りま
す．つまり，加重投票制はそれ自体不平等な制度であるけれども，世界銀行が
金融機関としてその目的にかなう有効な機能を確保するためには必要な制度な
のだ，ということになるでしょう．

注

1）専門機関は17（国連食糧農業機関（FAO）・国際民間航空機関（ICAO）・国際農業開
　発基金（IFAD）・国際労働機関（ILO）・国際海事機関（IMO）・国際通貨基金
　（IMF）・国際電気通信連合（ITU）・国連教育科学文化機関（UNESCO）・国連工業開
　発機関（UNIDO）・万国郵便連合（UPU）・世銀グループ（国際復興開発銀行
　（IBRD）・国際金融公社（IFC）・国際開発協会（IDA））・世界保健機関（WHO）・世界
　知的所有権機関（WIPO）・世界気象機関（WMO）・国連世界観光機関（UNWTO．世
　界貿易機関（WTO）とは別））あります．
2）東京地方裁判所1977（昭和52）年９月21日決定（判例時報884号77頁）．
3）安全保障理事会が常任理事国の拒否権行使などによって機能不全に陥っていた冷戦の
　時代に，国連が国際の平和と安全の維持の分野で果たすことができる役割を示し，平和
　維持活動（PKO）の発展につながったと言われています．
4）冷戦終結後に国連が国際の平和と安全の維持の分野で果たすべき役割を，武力紛争の
　予防から紛争の解決までにわたり包括的に示したもの．そこには「平和強制部隊」（重
　装備で強制措置にも用いることができるPKO部隊）の提唱が含まれていましたが，旧

ユーゴスラビアやソマリアでの失敗を経て撤回されました.

5）国連のすべての討議や決定等において人権の考慮が中心に置かれるべきことを提唱し，政治化しているとの批判があった国連人権委員会の廃止と，人権理事会の設置を主導しました（本書第8話3節参照）.

6）南太平洋におけるフランスの核実験への抗議活動を行っていた環境団体グリーン・ピースの所有する船舶レインボー・ウォーリア号がニュージーランドの港でフランス軍人により爆破された事件を巡り生じたフランスとニュージーランドとの紛争に関し，デクエヤル事務総長が裁定を委嘱されました.

第12話
どうしたら 平和に暮らせるの？

はてなの 国際法

INTERNATIONAL LAW

　現代の国際社会は，第1話「国の数はいくつ？」で話したように，独立した主権国家が横並びに存在する状態（併存状態）にあります．そのために，国家主権を凌駕する上位判定機関がない国際社会では，国家間で戦争が発生した場合に，どちらが侵略国なのか，どちらの言い分に正当性があるのかについての公正な判断は下せず，結果として，双方の正当性を認めざるを得ない結果になります（無差別戦争観）．20世紀半ば頃まで，どのような戦争も積極的に肯定されたわけではありませんが，国際紛争が発生した場合に，外交交渉などの平和的紛争解決手段と共に，国際紛争解決の最終手段として強制的紛争解決手段（＝戦争）が，国際法上，認められていました．つまり，1945年の国連憲章により戦争の違法化が実現するまで，戦争の自由があったということです．

1 同盟による勢力均衡

　では，国家は，これまで，どのようにして自国の存続や安全を確保したのでしょうか．安全保障の基本は，国家が，何から（対外的な脅威や侵略から）何を（自国民の生命・財産や経済的繁栄など）どのようにして（外交交渉や軍事力などによって）守るかという仕組みを考えることです．

　第1に，国家が近隣諸国の軍隊よりも強い軍隊を作ることが考えられます．国家は，自国の軍隊が強ければ，外国から攻められることもありません．しかし，自国の国力だけで隣国を圧倒するほどの強い軍隊を作るには，その人口や

図12-1　勢力均衡（バランスオブパワー）

経済力などによる限界があります．過度な軍備増強は，生活全般への経済的圧迫を発生させ，国民の不満が噴出し，国民に反対されます．

　そのために，自軍の強化とともに，第2に，国家は，図12-1のように，別の国と**同盟**（alliance）関係を結び，共通の仮想敵国に対抗することで，それとの**勢力均衡**（balance of power）を図り，自国の平和を確保しようとします．同盟による勢力均衡方式は，一見，合理的に見えますが，それにはいくつかの問題点が内在します．まず，相手国の軍事力の評価は，そう簡単ではありません．兵員数は判明しても，兵員個人の戦闘力や軍隊としての組織力は，外見から把握できません．また，戦車数，軍艦数，戦闘機数も同様に，それぞれの性能は，軍事的勝利に直結します[1]が，軍事機密の壁により，想像するしかありません．

　さらに，国家は，仮想敵国の脅威に対抗し安心感を得るために，相手国の軍事力と同等ではなく，少しでも上回るように自国の軍事力を整備しようとします．その動きに呼応して，当然，相手国も少し上回る軍事力を持とうとします．また，ある国が同盟国を持てば，当然，相手国もその同盟国に対抗する同盟国を持とうとします．この結果，同盟国間での緊張関係は徐々に激化し，ある事件を契機に，単独国家 vs 単独国家の戦争は，同盟国 vs 同盟国の大規模戦争，いわゆる世界大戦へと拡大する可能性があります[2]．正に，1914年7月から1918年11月までの協商国側（英，仏，露，米，日）と同盟国側（独，オーストリア，オスマン帝国）との戦争，第一次世界大戦がそれに該当します．

2〉集団安全保障体制の構築

　第一次世界大戦の教訓を基に，同盟による勢力均衡方式の欠点を克服すべく，新たな国際安全保障体制の構築が検討されました．その成果が，第一次世界大

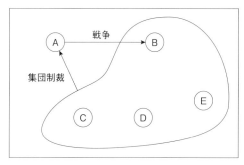

図12-2　集団安全保障体制

戦後のベルサイユ講和条約第 1 編の**国際連盟規約**（1920年 1 月10日発効，1946年 4 月19日解散）です．

　国際連盟の安全保障方式は，以下の通りです．先ず，連盟国は，戦争に訴えない義務（国際連盟規約前文），すなわち，連盟各国の領土保全および政治的独立を尊重する義務（10条）を約束します．もし連盟国間で国交断絶に至る恐れのある紛争が発生した場合でも，連盟国は，すぐに戦争に訴えるのではなく，仲裁裁判所か司法的解決（常設国際司法裁判所）または連盟理事会の審査に付託する．そして，仲裁判決，司法判決または理事会報告が出されても 3 か月間は戦争に訴えない（**戦争モラトリアム**），という戦争遂行の手続き的制限が課されました（12条）．

　このような手続きを無視して戦争に訴えた国家は，図12-2のように，他のすべての連盟国に対して戦争行為を行ったものとみなされ，その結果，他のすべての連盟国による制裁（通商上および金融上の関係の断絶という経済制裁）が課されます（16条）．**集団安全保障**（collective security）と称するこの安全保障方式の特徴は，同じ体制の枠内に同盟国も仮想敵国も加盟国として包含し，ある国家が，戦争制限手続に違反した場合に，違反国以外の全連盟国からの集団制裁を受けるという画期的なシステムにより戦争の発生を抑止しようとしたことです．

　集団安全保障体制という新たな安全保障方式が国際連盟の創設により生み出されましたが，そこには，法制度上の内在的弱点もありました．まず，国際連盟規約は，戦争の手続き的制限を課しただけで，戦争自体を禁止していません

でした．両紛争当事国が判決または理事会の報告書に服さない場合（13条4項，15条6項）や理事会の報告書が全員一致で採択されなかった場合（15条7項）には，判決や報告から3か月たてば戦争の開始が認められていました．また，制裁も，直接的な軍事的制裁ではなく，間接的な非軍事的制裁（経済制裁）が中心でした（16条）．加えて，規約違反を含む制裁発動の決定は，各連盟国に委ねられ，その結果，同時で同一内容の統一的な制裁発動が実施される保証はありませんでした．

　また，国際連盟の安全保障体制を支える主要な加盟国の欠如という外在的弱点もありました．孤立主義によるアメリカの不参加，満州事変に関連した日本の脱退（1933年），1926年に加盟したドイツのナチス政権下での脱退（1933年），エチオピア侵攻への国際連盟の経済制裁に反発したイタリアの脱退（1937年），1934年に加盟したがフィンランド侵攻によるソ連除名（1939年）です．実質上，国際連盟の安全保障体制は，機能不全に陥りました．

　第二次世界大戦の末期には，国際連盟規約の弱点を踏まえて，戦後の国際安全保障体制が構想されました．それが，戦後発足した**国際連合**（国連，United Nations[3]）です．国連憲章では，戦争（war）だけでなく，武力による威嚇や武力の行使（threat or use of force）を禁止しました（武力不行使の原則，国連憲章2条4項）．そして，国連は，国際の平和および安全の維持に関する主要な責任を**安全保障理事会**（安保理）[4]に負わせます（24条）．安保理は，平和に対する脅威，平和の破壊または侵略行為の存在[5]を決定することができ，平和と安全の維持・回復のための勧告（39条），事態の悪化を防止する暫定措置の要請（40条），さらに，制裁措置としての非軍事的措置（41条）や軍事的措置（42条）の決定をすることができます．すべての加盟国は，安保理の決定に従う義務があります（25条）．国連憲章が国際連盟規約から改正した点は，各加盟国による分権的ではなく，安保理による集権的な事態認定に変更したこと，そして，制裁措置が経済制裁だけではなく軍事制裁も制度化したことです．

3 国連の集団安全保障体制の変遷

　では，国連憲章の集団的安全保障体制は，どのように運営されているのでしょうか．国連憲章上の画期的な軍事的制裁は，国連軍を創設するために各国が兵力を提供する特別協定を締結することが前提となります．しかし，特別協定は成立せず，未だに憲章上の国連軍は存在しません．1950年に勃発した朝鮮戦争に強制的に軍事介入した**朝鮮国連軍**は，統一指揮権がアメリカ軍に付与され，国連旗の使用が認められましたが，国連が各国に軍事協力を要請し，16か国が自発的に参加した多国籍軍です．また，その戦費も国連経費ではなく，自発的参加国の経費となっています．すなわち，朝鮮国連軍は，国連憲章が予定していた各国からの義務的な兵力提供よる正規国連軍ではありません．

　正規国連軍の欠如を穴埋めするものとして，冷戦後に，**国連容認型多国籍軍**が考案されました．1990年8月のイラクのクウェート侵攻について，国連安保理は，多国籍軍にイラクへの武力行使を容認（authorize）する決議を採択しました．多国籍軍は，交戦の結果，イラク軍に勝利し，クウェートを解放しました．軍隊を保有しない国連が，多国籍軍を使って軍事的措置を実施するという新たな代替策が生まれました．その後，国際の平和と安全のために国連容認型多国籍軍が多用されています．

　ただし，これも法制度上の内在的な制約があります．それは，安保理常任理事国5か国（P5）の合意[6]がなければ，安保理決議は採択されず，多国籍軍の軍事的行動も容認されません．現在，東西冷戦が終結したとはいえ，常に安保理常任理事国の利害が合致して，武力行使容認の安保理決議が採択されるというわけではありません．

4 国連平和維持活動の役割

　前述したように，国連憲章上の強制介入型の国連軍（正規国連軍）は幻に終わったわけですが，現在，「国連軍」と称される軍隊が存在します．それは，国連の平和維持活動（PKO）を実施する多国籍軍です．PKO は，元来，国連憲

章上想定されず，実行の積み重ねにより確立した国際の平和と安全の維持・回復に資する国連活動です．

　その誕生の契機は，1956年の**スエズ動乱**（第二次中東紛争）[7] です．停戦協定の成立後に，紛争当事国にそれを遵守させ，停戦ラインから兵力を撤退させる必要から，国連事務総長は，加盟国に呼び掛けて，寄せ集めの**平和維持軍**（PKF）[8] を急造し，紛争当事国の間に派遣しました．その後，PKO は，小規模で軽武装の平和維持軍の実施する停戦監視や兵力引き離し活動と以前から存在していた小規模で非武装の将校の**軍事監視団**による停戦監視を含む用語として理解されるようになりました．

　PKO には，3つの原則があります．第1に，紛争当事者の同意に基づいて派遣される**同意原則**です．PKO は，武力紛争に強制的に介入し，それを直接的に解決しようとするものではなく，あくまで紛争当事者の同意を得てその間に介在し，停戦合意の監視により紛争事態を鎮静化させて，紛争当事者による紛争解決を間接的に支援するものです．第2に，紛争当事者から受け入れられるために必要な**公平・中立原則**です．PKO 自体が，どちらかに加担すれば，仲介者ではなく紛争当事者になり，一方の紛争当事者からの信頼性を失い，紛争地域から撤退せざるを得なくなります．第3に，PKO が「**戦わない軍隊**」と称されるように，自ら積極的に武力を行使しない**自衛原則**です．PKO が携行する軽火器を使用できる場合は，PKO 要員の生命防護，PKO 任務妨害の排除および PKO 基地の防御に限られます．

　もっとも，その後の PKO は，停戦監視という**伝統的 PKO** から，選挙準備や難民帰還の促進など**包括的 PKO**（たとえば，1992年のカンボジア PKO）へ，さらに，武力行使の権限を持つ**平和強制的 PKO**（たとえば，1993年のソマリア PKO）へと変遷してきました．最近では，包括的 PKO と平和強制的 PKO を融合したような**強力的 PKO**（たとえば，1999年のコソボ PKO）も出現しています．特に，内戦での住民保護を確保するために PKO の武力行使範囲も拡大する傾向から，従来の PKO 原則も対応の修正が求められています．

　PKO は，安定した国際環境（国際公共財）の実現のために，間接的とはいえ，重要な役割を果たしています．日本は，戦後，世界の国々が支えてきた国際公

共財から貿易国として一方的に利益を受けるだけでした．ようやく，1992年の
カンボジア PKO への自衛隊派遣により，世界の各国と共に国際公共財を提供
する側にも参加するようになりました．日本が積極的に国際安全保障の強化に
参加するのは，ひいては，自国の安全保障にもつながることになると理解して
いるからです．

5〉軍縮・軍備管理の推進

　国際平和を実現する最善策は，兵器（武器）を撤廃することです．しかし，
主権国家の併存状態および国際社会の現状から，今すぐに兵器を全廃し軍隊を
解体することは無謀です．しかし，兵器を増やすのではなく，減らすことで緊
張緩和が促進され，安全保障環境が安定化します．軍備拡大（軍拡）ではなく，
軍備縮少（**軍縮**，disarmament）や**軍備管理**（arms control）が国際平和の実現に不
可欠な要素となります．軍縮は，兵器の保有数をゼロに向けて削減することで
すが，軍備管理は，必ずしも兵器の削減ではなく，諸国家の兵器の保有数を同
数（パリティ）にすることで相互関係の安定化を図ることを主目的とします．
　まず，軍縮・軍備管理条約を理解するために，その対象となる兵器について
説明しておきます．兵器は，**大量破壊兵器**（WMD），すなわち**核兵器，生物・
細菌兵器，化学兵器**と，それ以外の**通常兵器**（CW）に区分されます．また，
射程距離が500 km までの兵器を**戦術兵器**（tactical weapons），5500 km までの兵
器を**戦域兵器**（theater weapons），そして，5500 km 以上の兵器を**戦略兵器**（stra-
tegic weapons）と呼びます．核兵器のような大量破壊兵器は，それ自体恐ろし
い兵器ですが，自国にまで飛んで来なければ，直接的な脅威になりません．大
量破壊兵器と運搬手段を兼ね備えれば，直接的な脅威となるわけです．大量破
壊兵器の運搬手段である戦略兵器は，３種類あります．**大陸間弾道ミサイル**
（ICBM），**戦略爆撃機**（strategic bomber）または**重爆撃機**（heavy bomber）および
潜水艦発射弾道ミサイル（SLBM）です．兵器とその運搬手段の両方から，軍
縮・軍備管理の規制条約が作成されています．
　先ず，核軍縮に関して，世界の核兵器数は，1986年に最高の６万4449発とな

り，地球を何十回も破壊できる過剰殺戮（overkill）状態となりました．特に，ソ連（4万159発）とアメリカ（2万3317発）の核兵器の保有数を削減することが最重要課題となりました．1987年に**中距離核戦力（INF）全廃条約**（1988年発効）により，1991年までに地上発射型の中距離（戦域）核ミサイルの合計2692基が全廃されました[9]．1991年の**第一次戦略兵器削減条約**（START Ⅰ）[10]により，運搬手段（ICBM，SLBM，重爆撃機）の総数をそれぞれ1600基（機）とし，配備済みの戦略核弾頭の総数をそれぞれ6000発以下に制限することにしました．2002年の**戦略攻撃能力削減条約**（SORT，モスクワ条約）[11]では，2012年までの10年間で実戦配備済みの戦略核弾頭を1700-2200発まで削減することになりました．START Ⅰは2009年に失効しましたが，その後継である2010年の**新戦略兵器削減条約**（新START）[12]では，発効後7年以内に配備済みのICBM，SLBM，重爆撃機を700基（機）に，配備済みの戦略核弾頭数を1550発に，配備・非配備のICBM，SLBM，重爆撃機を800基（機）に削減することになりました．以上のように，戦略核の弾頭数や運搬手段の削減が履行されてきましたが，注意すべき点は，戦略核兵器以外にも非戦略（戦術および戦域）[13]核兵器が存在することおよび配備済みの核兵器以外に備蓄の核兵器が存在することです．

2021年1月現在の核兵器保有数は，それぞれ5550発（米），6255発（露）です．米露以外の国（英，仏，中，印，パキスタン，イスラエル，北朝鮮）の核保有数を含めると，世界では，1万3080発となります[14]．世界の90％以上を占める米露の核保有数が減少傾向にある一方で，それ以外の国の核保有数が増加傾向にあることが懸念されます．

核兵器に関する米露を含む世界的な軍縮が強く望まれます．それを実現するために，2017年に核兵器禁止条約が採択されました[15]．この条約も，後述の対人地雷禁止条約やクラスター弾条約と同様に，軍縮NGO（**核兵器廃絶国際キャンペーン**）が条約採択を積極的に支援しました．その条約は，核兵器の開発，実験，生産，製造，取得，占有，貯蔵，移譲，受領，使用を禁止します．ただし，核保有国およびその**核の傘**（Nuclear Umbrella）で守られている北大西洋条約機構（NATO）諸国や日本を含む核保有国の同盟国は，その条約に加盟していません．そのため，その法的意義は高く評価される一方で，その実効性が疑問視

されています.

　核以外の大量破壊兵器の軍縮に関して，生物毒素兵器禁止条約（1972年署名，1975年発効，当事国184）および化学兵器禁止条約（1993年署名，1997年発効，当事国193）があります．それらは，開発から使用までの禁止だけでなく，廃棄義務まで規定しています．もっとも，前者の条約は，後者と異なり，検証制度がないために，本当に生物兵器を保有していないのかを確認できない欠点があります[16]．後者の条約は，北朝鮮，エジプト，イスラエル，南スーダンが未だに加入していません.

　通常兵器の軍縮に関して，対人地雷禁止条約（1997年署名，1999年発効，当事国164）およびクラスター弾条約[17]（2008年署名，2010年発効，当事国110）も兵器の廃棄まで義務付けています．これらの条約は，軍縮NGO（**地雷禁止キャンペーンとクラスター弾連合**）が積極的に諸国家に働きかけて，条約の採択を実現させました．ただし，米，中，露，韓国，北朝鮮は，前者の条約に未加入のままで，対人地雷を保有しており，それを使用する可能性は残されています．後者の条約も，同様に，米，中，露を含む多数の国が加入しておらず，軍事大国による使用が懸念されます.

　現在まで様々な兵器の軍縮・軍備管理条約が採択されてきました．しかし，これで充分という訳ではなく，全体的な核兵器数も運搬手段ももっと削減しなければなりません．条約で規制されていない非人道的な通常兵器はまだ存在するし（たとえば，劣化ウラン弾），将来，非人道的な兵器が開発されるかもしれません[18]．特に問題なのは，科学技術の発展に伴う兵器開発の現実に法規制が追い付いていないことです．国際平和のために，軍縮・軍備管理条約の積極的な採択が強く望まれます.

注

1）戊辰戦争（1968-1969年）で薩摩・長州軍が幕府軍に勝利した一因として，前者が後者よりも先に，ゲベール銃（前装式滑空銃）からミニエー銃（前装式ライフル銃）へ，ミニエー銃からスナイドル銃（後装式ライフル銃）へと射程距離が長く命中率の高い高性能兵器への装備を更新したことが挙げられます.

2）同盟関係には，同盟の相手国から見捨てられないように密接な関係を構築しようとするモメンタム（推進力）と，同盟の相手国の紛争に巻き込まれないように密接な関係を構築しないようにする逆のモメンタムがあります．それを**同盟のジレンマ**と言います．

3）第二次世界大戦は連合国（United Nations）と枢軸国（Axis Powers）の戦いであり，戦勝国の連合国の設立した国際機構が，United Nations です．日本では，United Nations を「国際連合（国連）」と訳しますが，中国語では，そのまま「連合国」となっています．枢軸国であった日・独・伊などは，国連憲章では敵国であり，戦勝国（連合国＝国連）の組織に戦後加盟した形となっています．

4）安全保障理事会は，5か国（米，英，仏，中，露）の常任理事国と10か国の非常任理事国（2年任期）から構成されています．手続き事項以外の事項の採択には，常任理事国の同意投票を含む9理事国の賛成投票が必要となります．すなわち，常任理事国は，拒否権（veto）を持っており，1国だけでも決議の採択を阻止することができます（27条）．

5）安保理は，今まで侵略行為の認定をしたことがなく，平和に対する脅威または平和の破壊の認定に留めています．平和の破壊が認定された事例として，1950年の北朝鮮による韓国侵攻，1982年のアルゼンチンによるフォークランド島侵攻，1980年のイラクによるイラン侵攻，1990年のイラクによるクウェート侵攻があります．

6）その権利を**拒否権**（veto）と言います．P5 による拒否権の行使のたびに，拒否権制度の是非が議論されます．しかし，もし拒否権がなければ，P5 の一国に対する武力行使容認決議が多数決で採択されることも考えられ，その結果，大規模戦争となる可能性が出てきます．それを回避するための安全弁または必要悪として，拒否権が存在します．

7）7月のエジプトによるスエズ運河国有化宣言により，10月にイギリス・フランス・イスラエルとエジプトが交戦し，11月に停戦となりました．

8）軍服が異なる多国籍軍である PKF は，国連を表示し統一性を示すために，国連のシンボルカラーの青地に白抜きの UN の文字を付けたヘルメット，**ブルーヘルメット**を着用します．ブルーヘルメットは，国連軍または PKO を表わす用語として使われています．

9）本条約は，アメリカのロシアへの条約破棄通告により，2019年8月1日に失効しました．

10）1994年に発効し，発効7年後の2001年には配備の戦略核弾頭数をそれぞれ5518発（露），5949発（米）にまで削減しました．本条約は，15年間有効であり，2009年に失効しました．

11）2003年に発効し，2011年に失効しました．本条約は，配備された戦略核弾頭数の削減を規定したものであり，廃棄は義務付けられず，削減した弾頭の保管が可能です．また，運搬手段の総数規定も設けられていません．

12）2011年に発効し，10年間有効とされました．10年後の2021年になって，本条約が失効すれば，米露間での核関連条約がなくなることから，米露間で本条約は2026年までの5年間効力を延長することに合意しました．

13）INF 条約により米露は戦域核兵器を保有していませんので，アメリカは，急遽，戦域核兵器の製造に取り掛かっています．

14）1968年の核不拡散条約（NPT）により，核保有国は 5 か国（米，露，英，仏，中）に限定され，それ以外の国は非保有国となります．条約当事国数は192か国ですが，インド・パキスタン・イスラエルはその条約に加盟せず，北朝鮮はそれからの脱退を宣言して，それぞれ核兵器を保有しています．

15）本条約は，2021年 1 月22日に発効しました．

16）1979年に条約当事国であった当時のソ連は，スベルドロフスク市内の微生物学研究所から炭疽菌の漏出事件を起こし，生物兵器を製造していたことが発覚しました．

17）クラスター弾とは，ロケット弾や砲弾の中に包摂された多数の子弾を空中散布して広範囲の目標を破壊する親子爆弾で，集束爆弾ともいわれます．投下後も子弾の不発率が高く，対人地雷のように無差別的効果を及ぼすことから，非人道的兵器と言われています．

18）現在，ジュネーヴ国連本部で，近未来に出現すると懸念される自律型致死兵器システム（Lethal Autonomous Weapon Systems, LAWS）の法規制が2014年から議論されています．

------- HATENA -------

第13話

戦争にも
ルールはあるの？

------- INTERNATIONAL LAW -------

1〉 武力紛争の 2 つの側面

　2022年 2 月24日に，ロシアがウクライナに軍事侵攻し，戦闘活動を開始しました．ロシアの軍事侵攻は，国際法上，2 つの側面から評価することができます．1 つは，ロシアが軍事侵攻するための正当原因はあるのか，という戦争開始に関する「入り口論」についてです．国連憲章では，武力不行使原則（2 条4 項）により一般的に戦争が違法化されています．他方で，その例外として，個別的および集団的自衛権の場合（51条）と国連による集団的措置（第 7 章）の場合には，武力行使が正当化されます．ロシアは，2 月21日にウクライナ東部地域での親露派武装勢力が事実上支配する「ドネック人民共和国」および「ルハンスク人民共和国」を国家承認し，それらと「友好協力相互支援協定」を締結しました．両人民共和国は，ウクライナから武力弾圧を受けているので，ロシアに軍事援助を要請しました．その要請に従いロシアは，2 月24日に「特別軍事作戦」を実施したと説明しています．つまり，ロシアの軍事作戦の国際法上の根拠（正当原因）は，人民共和国からの要請に基づく集団的自衛権ということになります．しかし，それでは，ウクライナ東部以外の北部や南部からの軍事作戦を法的に説明することはできません．

　ロシアの真の狙いは，ウクライナを親露派勢力の支配下に置き，北大西洋条約機構（NATO）に加盟しないようにすることだと考えられます．主権国家は，自国だけでその政治の在り方を決定することができるのですが，ロシアは自分

の考えを主権国家のウクライナに押し付けようとしています．ロシアのウクライナ軍事侵攻は，明らかにウクライナの主権侵害であり，国連憲章上の武力不行使原則に違反する武力攻撃・侵略行為に該当すると考えられます．

　もう１つは，個々の戦闘行為が，武力紛争時に適用される国際法[1]に違反していないか，という個別具体的な戦闘活動に関する「内容論」についてです．そもそも，戦闘活動にルールがあるのか，第二次世界大戦後に発足した国連の法的設立文書である国連憲章は，戦争や武力行使を一般的に禁止したのだから，戦争を前提とする戦争法はもはや存在意義を失ったのではないか，という素朴な疑問が湧いてきます．

　確かに，国連憲章で武力不行使原則が規定されましたが，それだからと言って，第二次世界大戦後に武力紛争が全く発生しなくなったのかと言えば，そうではありません．むしろ逆に，第一次中東戦争（1948年），朝鮮戦争（1950-1953年），ベトナム戦争（1955-1975年），中越紛争（1979年），イギリスとアルゼンチン間のフォークランド紛争（1982年）その他多数の国際武力紛争・国内武力紛争（内戦）が頻繁に発生しています．21世紀になっても，9.11同時多発テロに起因する対テロ戦争も新たに発生し，現在でも，ロシア・ウクライナ戦争が継続しています（2022年8月現在）．戦争・武力紛争は，国際法上，禁止されたとはいえ，現実には発生し存在しています．本来，国際紛争は外交的・平和的に解決されるべきで，戦争は回避すべきものです．しかし，万が一，戦争が回避できなくて発生した場合に，戦争における残虐性をできる限り緩和し，無益な殺傷や不必要な破壊を最小限に抑制するために，戦闘活動を法的に規制する現実的な要請が存在します．

　赤十字国際委員会（ICRC）は，火災時の消防隊になぞらえて，以下のように，国際人道法の必要性をわかりやすく説明しています．「火災（武力紛争）はあってはならないが，それでも起こってしまった場合に備えて消防隊（国際人道法）を準備している」と．

2〉国際人道法の成立要因と平等適用

　戦争とは，元来，相手国民の人命を奪いその財産を破壊することで相手国を自国の意思に屈服させる（軍事的勝利）ことを目的とする軍事活動を言います．その場合に，国家は，有限である自国の人的（戦闘員）・物的（武器・弾薬）資源の犠牲や消耗および自国民の人命・財産の喪失・破壊を最小限に抑えつつ，それらの資源を効果的な活用により軍事的勝利を得ようとします．そのため，勝利のための軍事的に必要な活動や兵器は，国際法上，規制されません．他方，無益な殺傷や不必要な破壊は，人道的考慮から回避すべきであり，軍事合理性の観点からも無駄で逆効果となります．だから，その余計な部分が国際法上禁止されても，それが法的ルールとして国際社会に受容されます．つまり，軍事的必要性と人道的考慮の双方の要請を満たすバランスの上に国際人道法が成立しています．平時には違法な相手国国民の殺傷行為や相手国内の施設等の破壊行為は，戦時では，国際人道法の条件に従う限り，適法となります．

　ここで注意すべき点は，国際人道法は，侵略側であれ自衛側であれ，武力紛争当事国に平等に適用されるということです．ここでも，どうして，侵略国と自衛国が国際人道法上，平等に取り扱われるのか，侵略側は悪い国だから自衛側を規制する法律よりも厳しく規制すべきではないのか（差別的適用論），という素朴な疑問がここでも湧いてきます．

　たとえば，侵略国の戦闘員が自衛国軍によって捕虜とされた場合と，自衛国の戦闘員が侵略国軍によって捕虜とされた場合を考えてください．自衛国は侵略国の戦闘員に人道的な捕虜待遇を与えなくてもよく，侵略国は自衛国の戦闘員に人道的な捕虜待遇を与えなければならないと国際法が差別的に適用されたならば，果たして国際人道法は紛争当事国，特に侵略国によって遵守されるでしょうか．侵略国は，自国民の捕虜に人道的待遇が与えられないのに，相手国（自衛国）の捕虜に人道的待遇を与えることは，到底受け入れられません．やはり，戦闘中，国家は，相手国の捕虜を人道的に待遇することで，自国民の捕虜が相手国によって人道的に待遇されることを期待します．つまり，捕虜の人道的待遇という国際人道法は，相互主義に基づき平等適用することで守られるの

です．入り口論での戦争自体の合法性・違法性は，戦争の終結後に判断され，その戦争責任が追及されることになります．武力紛争中は，国際人道法が両紛争当事国に平等に適用されることになります．

③ 交戦法規

　では，国際人道法は，具体的にどのような内容になっているのでしょうか．まず，国際人道法は，交戦国間に適用される**交戦法規**と，交戦国と非交戦国（第三国，中立国）との間に適用される**中立法規**に区分されます．ロシア・ウクライナ戦争では，ロシアとウクライナの間には交戦法規が適用され，ロシアまたはウクライナとそれ以外の国の間には中立法規が適用されます[3]．さらに，交戦法規は，戦争犠牲者（軍隊構成員の傷者，病者，難船者，捕虜，文民）[4]の保護を規定する**ジュネーヴ法**と戦闘の手段（兵器）[5]およびその手段の使用方法に関する**ハーグ法**[6]に細分化できます．1977年のジュネーヴ諸条約追加議定書Ⅰ（国際武力紛争）・Ⅱ（非国際武力紛争）は，ジュネーヴ法の流れを汲みつつ，ハーグ法も取り込んだ複合的な条約内容となっています．

　そもそも，国際人道法は，戦闘活動を軍隊構成員同士に限定し，破壊対象を軍事目標に限定することで，戦争の被害を局限化しようとする人道的な考慮に基づいています．言い換えれば，戦闘員と文民，軍事目標と民用物の区分が重要となります．さらに，戦闘員の中でも戦闘可能な兵士と戦闘外の兵士（傷病者，難船者，捕虜，投降兵），文民の中でも敵対行為に直接参加する文民とそれ以外の文民に区別されます．前述したように，国際人道法上保護される（＝攻撃対象とならない）者は，戦闘外に置かれた戦闘員と敵対行為に直接参加していない文民ということになります．ロシアが，ウクライナ軍事侵攻において，戦闘行為に協力していない一般住民（老者，児童，女性など）である文民を殺害しているならば，それは，明白な人道法違反であり，戦争犯罪となります．

　攻撃対象である物の軍事目標とは，それを破壊し，無効化すれば明確な軍事的利益をもたらす物をいい，たとえば，軍用施設，武器弾薬貯蔵庫，軍需工場，道路・鉄道線，発電所などが，軍事目標に該当します．それ以外のもの（＝民

用物）はすべて攻撃対象としてはならず，中でも特に保護すべきものとして，病院，学校，文化財，礼拝所，飲料水・灌漑施設，危険な威力を内蔵する工作物（ダム，堤防，原子力発電所）などがあります．もっとも，それらの施設が保護されるためには，それらが武力紛争当事国によって軍事活動に利用されていないことが条件となります．ロシアは，ウクライナ軍事侵攻で，病院，住宅，学校などの民間施設を攻撃し破壊しています．ロシア軍は，それらが軍事利用されていたと証明しなければなりません．もしそれらの施設が軍事的に利用されていなければ，それらの破壊行為は明らかに人道法違反＝戦争犯罪となります．

4〉兵器および兵器の使用方法の規制

戦闘活動の場合に，どんな兵器でも兵器のどんな使用方法でも許されているというわけではありません．兵器は，合法な兵器と違法な兵器の2種類があります．また，合法な兵器であっても，その使用方法が合法な使用方法と違法な使用方法があります．言い換えれば，兵器自体と兵器の使用方法の2種類の法規制があるということです．

まず，不必要な苦痛を与える兵器や無差別的効果を及ぼす兵器は，それ自体，禁止されています．前者の，不必要な苦痛を与える兵器とは何かを説明することは難しいのですが，たとえば，ダムダム弾がそれに該当し，禁止されています（1899年のダムダム弾禁止宣言）．通常の弾丸は人体を貫通しますが，ダムダム弾は人体内で扁平となり貫通せずに体内組織を著しく損傷させる効果があります．また，人体内に入った場合にX線で検出できないような破片（ガラス，プラスチックまたは木片など）によって傷害を与える兵器も，摘出手術が困難であることから，不必要な苦痛を与える兵器とみなされ，禁止されています（1980年の特定通常兵器条約議定書Ⅰ）．

後者の，性質上，軍事的効果を軍隊構成員や軍事目標に限定できない兵器に該当する生物・細菌兵器や化学兵器は，どのような状況でも使用が禁止される違法兵器と言えます．他方，無差別的効果を及ぼす兵器とみなされるか否か，議論の分かれる種類の兵器がいくつかあります．核兵器は非人道的な無差別的

兵器として位置づけられ，2017年に核兵器禁止条約が採択されました．それも，核兵器の使用だけでなく，開発，実験，生産，製造，取得，占有，貯蔵も禁止されましたが，核保有国や核保有国の同盟国はその条約に加入せず，核兵器自体の違法性を認めていません[8]．たとえ，核兵器の違法性が慣習法上確認できないとしても，その使用による破壊効果が軍事目標に限定できず文民の殺傷や民用物の破壊に及ぶのであれば，使用方法としての違法性は確認できます．同様に，1997年の対人地雷禁止条約も2008年のクラスター弾条約も加入していない国家にとっては，それらの兵器の使用自体が違法であるとは言えません．他方，たとえば，ウクライナ・ロシア戦争においてロシアが使用したと言われる対人地雷やクラスター弾が[9]，文民や民用物に向けて無差別的に使用されたのであれば，その使用方法は違法であると言えます[10]．

　合法な兵器であっても，このように，**区別原則**（戦闘員か文民か，軍事目標か民用物か）に従って使用されなければなりません．兵器の使用方法に，区別原則以外に，**比例原則**と**予防原則**と呼ばれる法原則があります．比例原則とは，ある国家が戦闘員または軍事目標を攻撃する場合に，巻き添えによる文民被害や民用物の損害を引き起こすことが往々にしてあります．得られると予期される具体的で直接的な軍事的利益よりも，巻き添えによる文民の死傷や民用物の損害が過度になると予測される場合には，その攻撃は違法な無差別攻撃とみなされます．逆に，文民の付随的損害が比較的に軽微であると判断されれば，軍事目標への攻撃は合法と判断されます．その状況判断は，容易ではありません．そして，予防原則とは，攻撃側は軍事目標の確認や巻き添えによる文民被害を最小限にとどめるための武器・弾薬の選定などの実行可能な予防措置を取る義務があるということを指します．被攻撃側も，可能な限り，文民や民用物を軍事目標の近傍から遠ざける努力義務を負います．

5 戦争犯罪の処罰

　最近，新聞紙上で「戦争犯罪」という用語がよく見られますが，それは何を指しているのでしょうか？　一般的には，上記の国際人道法の違反行為を戦争

犯罪と呼んでいました．しかし，第二次世界大戦後に戦勝国によって設置されたニュルンベルク国際軍事裁判所および極東国際軍事裁判所（東京裁判）において，ドイツの戦争犯罪人および日本の戦争犯罪人が処罰された際に，広い意味での戦争犯罪が規定されました．それらの東京裁判所憲章によれば，広い意味での「戦争犯罪」として，(a) 平和に対する罪，(b) 通例の戦争犯罪，(c) 人道に対する罪が規定されています．(b) 通例の戦争犯罪が，従来使用されていた国際人道法の違反行為を意味します．新たに，侵略戦争の計画，準備，開始，実行，共同謀議などを指す(a)平和に対する罪，そして，ナチス・ドイツのユダヤ人に対するような大量虐殺・ホロコーストを指す(c)人道に対する罪が，広い意味での戦争犯罪と規定されました．このように，戦争犯罪の類型が 3 種類となりました．

　第二次世界大戦中でのナチス・ドイツによるユダヤ人の大量虐殺は，あまりにも悲惨な事件であったことから，1948年に集団殺害罪防止処罰条約（ジェノサイド条約）が締結されました．ジェノサイド（Genocide）とは，Geno（種族的・民族的）と cide（殺害）を組み合わせた造語で，集団殺害を意味します．この条約によって国際法上の犯罪と規定された集団殺害とは，この条約によれば，「国民的，民族的，人種的又は宗教的な集団の全部又は一部を集団それ自体として破壊する意図をもって行われる」行為を意味します．その後，国連安全保障理事会によって設置された旧ユーゴスラビア国際刑事裁判所（1993年設置）およびルワンダ国際刑事裁判所（1994年設置）において，集団殺害罪が認定されました．前者では，1995年のボスニア・ヘルツェゴビナ内戦で7000人以上のムスリム人を殺害したとしてセルビア人勢力指導者カラジッチらがジェノサイド罪で終身刑判決を受けました．後者では，数十万人の少数派のツチ族が大量虐殺され，首謀者アカイェスらはジェノサイド罪で終身刑判決を受けました．

　上記の国際軍事裁判所は臨時に設置されたものでしたが，1998年に採択された国際刑事裁判所に関するローマ規程（ICC 規程）によって常設の国際司法機関が設置されました（2002年に発効）．それによれば，ICC が取り扱う犯罪は，(a) 集団殺害犯罪，(b) 人道に対する犯罪，(c) 戦争犯罪，(d) 侵略犯罪の 4 類型となっています（5 条）．(a)の集団殺害犯罪は，ジェノサイド条約の規定と同じで

す（6条）．(b)の人道に対する犯罪は，広範または組織的な文民への意識的な攻撃（殺人，強制移送，拷問など）です（7条）．(c)の戦争犯罪は，1949年のジュネーヴ諸条約を含む国際人道法違反行為を指します（8条）．

　上記の戦争犯罪を実行した戦闘員は，個人として責任を負わされ処罰されます．もっとも，第二次世界大戦以前では，部下（軍隊構成員）は上官（指揮官）の命令に従って戦争犯罪を実行したとしても，部下は「上官命令」に従っただけで，責任を負わないという考え方がありました．しかし，ニュルンベルク裁判でも東京裁判でも，部下は上官の合法な命令のみを遵守する義務があり，違法な命令の遵守は刑罰の軽減事由にしか過ぎないとされました．しかし，部下は，国際人道法をよく認識しているのか，部下の判断によって上官の命令に従わなくてもいいのか，という疑問が生じます．つまり，部下の刑事責任を明確にすることと，上官命令に従うことに基づく軍の規律保持との調和をどのように図るかが重要な課題となります．

　そこで，ICC 規程では，① 部下が上官命令に従うべき法的義務がある，② 部下が命令の違法性を知らなかった，③ 命令が明白に違法ではなかった，という 3 条件を満たす場合に，部下は戦争犯罪の刑事責任を負わなくてよいと規定しています（33条1項）．言い換えれば，部下は違法性が曖昧な戦争犯罪行為の実行を拒否する可能性がなく，戦争犯罪行為の違法性を認識していない場合には，部下の刑事責任が免責される可能性があります．

　部下の刑事責任に関連する上官命令と並行して，「上官責任」問題もあります．上官責任には，一般的な意味での統率責任問題と，部下が戦争犯罪を行った場合にどの範囲で責任を負うかという刑事責任問題があります．前者に関して，上官（指揮官）は，部下がジュネーヴ諸条約やその追加議定書に違反する行為を行わないように指導する義務があります（追加議定書 I 87条）．後者に関して，上官は，部下の違法行為を知っていたか，そのように結論できる情報を得ていたにもかかわらず，その違反行為を防止するために自己の権限内の可能な措置を取らなかった場合には，刑事上または懲戒上の責任が生じます（追加議定書 I 86条2項）．ICC 規程では，上官が部下の犯罪行為を「知っており，又はその時における状況によって知っているべき」であった場合に（ICC 規程28

150

条），上官責任が発生すると規定し，上官責任を若干広げています．いずれにしても，軍隊が戦争犯罪を犯した場合に，直接的に命令していないから軍上層部および政府中枢部の関係者が個人の刑事責任を負わないという訳ではありません．

注

1）それは，従来，戦時国際法（international law of war）または戦争法（law of war）と言われていましたが，近年，国際人道法（international humanitarian law）または武力紛争法（law of armed conflicts）と言われています．

2）Ａ国がＢ国に対して無益な殺傷や不必要な破壊を実行すれば，Ｂ国は，Ａ国に対する憎悪を倍増させ，徹底抗戦を選ぶことになります．また，Ｂ国も仕返しに同じ戦法を使ってＡ国に無益な殺傷や不必要な破壊を行うかもしれません．結果として，Ａ国によるＢ国への無益な殺傷等は，自国の犠牲者も増えることになり，自国の利益になりません．また，そのような行為は，Ａ国が戦争に勝ったとしても，その後のＢ国の占領政策やＢ国との外交関係に好ましからざる影響を与えることになります．

3）伝統的な中立法規は，戦争違法化の国連憲章の下で大幅に修正されています．

4）難船者とは，難破した軍艦の乗組員や海上に不時着した航空機乗員または航空機から脱出して海上に不時着した航空機乗員を指します．

5）戦争犠牲者の保護に関する条約の多くがスイス・ジュネーヴで策定されたことから，その法体系は，ジュネーヴ法と称されます．その代表的な条約として，1949年のジュネーヴ諸条約（第１条約：傷病者保護条約，第２条約：海上傷病者保護条約，第３条約：捕虜待遇条約，第４条約：文民保護条約）があります．

6）1899年・1907年にオランダ・ハーグで２回のハーグ平和会議が開催された際に，陸戦法規慣例条約を含む陸戦・海戦の交戦法規や中立法規の条約が策定されたことから，戦闘の手段およびその使用方法に関する法体系は，ハーグ法と言います．

7）1972年の生物兵器禁止条約（当事国数184か国）および1993年の化学兵器禁止条約（193か国）によって，それらの兵器は使用だけでなく，開発，生産，取得，貯蔵，保有が禁止されています．ロシアもウクライナもそれらの条約当事国になっています．もしロシアが，生物・細菌兵器や化学兵器を使用すれば，条約違反となります．

8）2022年６月現在，当事国数は66か国・地域です．

9）クラスター弾とは，それぞれが爆発する数個から数百個の子爆弾の入った親爆弾が広範囲に無差別的に子爆弾をまき散らします．また，子爆弾は10％から30％まで高い確率で不発弾となり，事実上，無差別に散布された対人地雷と同じ効果を及ぼします．本書第12話注17）参照．

10）ウクライナ戦争で，燃料気化爆弾（サーモバリック爆弾）が使用されたと言われてい

ます．その爆弾は，燃料を空中に散布して空気と燃料の混合物の状態（エアロゾル状）を形成し，遅動起爆装置によって爆発させるもので，通常の TNT 爆薬の数倍の爆風効果があり，それゆえ，無差別的兵器と批判されることがあります．しかし，兵器自体の違法性は慣習法上確立していませんが，軍事目標以外の住宅地域での使用は違法であると言えます．

------------------------------ HATENA ------------------------------

第14話

こんなところに 国際法？

------------------------------ INTERNATIONAL LAW ------------------------------

　国際法は主に国家間の関係を規律する法です．しかしそれが，私たち個々の人間の権利の保障について定めたり，個人の犯罪について定めたりもしている，ということは，これまで本書を読んできた皆さんはすでに知っています．国際法の規律を受ける（＝国際法の主体である）のは国だけではなく，国際法は私たちにも深く関わっているのです．

　この章では，少し視点を変えて，私たちの日常に国際法がどのように関わっているのかについて，私たちが生活している日本の国内社会と国際社会との結びつきという角度から見ていくことに致します．

1 鯨は好きですか？

　日本がエネルギーや食糧をはじめとして，私たちの生活に欠くことのできないものを輸入に頼っていることはご存知でしょう．その輸入が何らかの形で滞ったり，価格が高騰したり，あるいは輸入品を購入するのに使う円の為替レートが下がったりした場合，それはときに国内でのそれらの品々の価格の上昇を招き，私たちの生活に直接の影響を及ぼしてきます．それはたとえば，ロシアのウクライナへの軍事侵攻にともなって生じたこととして，皆さんの記憶に新しいのではないでしょうか．

　そしてこれは日本に限ったことではなく，他の国も程度の差こそあれ同じような状況にあり，その意味で国は国際社会において様々な形で依存し合う，相

互依存の関係にあります．その点で私たちの国内社会と国際社会は密接に結びついているのです．

　そのような国際社会において，国家間で行われる合意が私たちの生活に様々な形で影響を及ぼすということが，今日ではしばしば見られます．日本との関係で特に顕著なのが，環境保護や資源保護のための取極の影響です．

　日本において，鯨は伝統的に食用とされ，近海での捕鯨は古くから行われていましたが，遠洋漁業の興隆と並行して，日本の捕鯨船は南極にまで進出し，ノルウェーなどと捕鯨量を競うようになりました．鯨を食用としてきた日本に対し，欧米では，ノルウェーなどを例外として，鯨は主に油（鯨油）をとるために捕獲されていました．

　19世紀から20世紀にかけて，欧米諸国＋日本による大規模な捕鯨によって，鯨は急速に数を減らすこととなり，絶滅を防ぐための国際協力が必要となってきました．そのため1946年に**国際捕鯨取締条約**（ICRW）が締結され，13種類の鯨の捕獲の規制が盛り込まれました．また同条約の定める規制について時宜に応じた修正を加える権限を有する国際機関として，同条約の締約国で構成される**国際捕鯨委員会**が設置されました．日本は1951年に同条約の締約国となるとともに，同委員会の構成国となりました．

　国際捕鯨委員会は，1982年に，商業捕鯨の暫定的停止（モラトリアム）を決定しました．それまで適用されていた鯨の種類ごとの捕獲可能頭数をゼロとするというもので，つまり，取締条約上に規定されている，**調査捕鯨**（鯨類の保存措置が適正に働いているかどうかなどを，限られた頭数のサンプルを捕獲して調べるための捕鯨）[1] 以外の捕鯨は，以後禁じられるという趣旨の決定でした．

　この商業捕鯨のモラトリアムは，1972年にストックホルムで開催された環境保護のための国際会議である人間環境会議で採択された勧告（10年間の商業捕鯨停止）に遡るものでした．この勧告を受けて，国際捕鯨委員会では当初，種類を問わない商業捕鯨の禁止は科学的根拠に欠けるという見解が多数でしたが，反捕鯨の立場をとる構成国が増加していったことから，1982年に至って，モラトリアム導入案が賛成多数を得て採択されることになりました．

　日本は，ノルウェーやアイスランドとともに，この案に反対票を投じました．

案の採択を受けてノルウェーとアイスランドは取締条約から脱退しましたが，日本は条約と委員会にとどまり，調査捕鯨を続けていくという方針をとりました．モラトリアムの決定には，1990年までに，調査捕鯨等から得られる科学的知見に基づいてモラトリアム措置を見直すということが付記されていましたが，その見直しは現在に至るまで行われていません．

そのような状況で，日本が続けていた南極海での調査捕鯨に関し，オーストラリアが2010年に国際司法裁判所（ICJ）に提訴しました[2]．この事件は**南極海捕鯨事件**と呼ばれています．オーストラリアは，日本が行っている捕鯨（当時実施されていた第二期南極海鯨類捕獲調査（JARPAII））は，調査捕鯨であるとは言えず，商業捕鯨に当たると主張したのでした．

ICJは，調査捕鯨の許可を与えるにあたって，締約国は裁量を有しているが，その活動が条約8条1項の要件を満たすものかどうかについての判断は各国家に委ねられているのではなく，客観的な判断が行われねばならないとしました．そして，日本のJARPAIIは科学的目的をもっていると一応は認められるけれども，行われる活動がその目的を達成するための合理性をともなっているかどうかを審査する必要があるとして，その基準として，鯨を殺して捕獲する必要があったのかどうか，捕獲数の設定は合理的か，目標とされる捕獲数に対して実際の捕獲数はどうであったか，などの項目を立てました．

そのうえでICJは，サンプルを殺して捕獲することはある程度やむを得ないが，その数の設定に当たって，できるだけ殺さずにサンプルを捕獲する方向での検討が十分に行われておらず，また捕獲数の設定の合理性が証明されていないと指摘しました．さらに目標数をかなり下回る数しか捕獲されていないにもかかわらず目標数の修正がなされていないことも問題であるとして，日本に対し，JARPAIIを中止することなどを命じる判決を2014年3月31日付で下しました．

日本政府は，判決に服しつつ，国際捕鯨委員会において引き続き，科学的知見に基づくモラトリアムの見直しと，資源量として豊富な鯨種についての商業捕鯨の復活を求めましたが，2018年に至って委員会からの脱退を決定し，2019年7月から商業捕鯨を再開することとなりました．

　伝統的に鯨を食用にしてきた日本やノルウェーなどでは，鯨は他の海洋生物や家畜などと同じく，資源である，という捉え方をしてきています[3]．それに対し，捕鯨に反対する諸国は，モラトリアムの勧告が人間環境会議から出てきたことからもわかるように，鯨やイルカなどの海洋哺乳類の保護を自然環境の保全という環境問題として捉える傾向があります（かつて鯨油からつくられていたものは今日ではほとんど石油を原料にするようになっていますから，鯨油の需要はほぼありません）．鯨を資源として持続的に利用していくという視点からすれば，保存措置によって増えてくれば適正な数を捕獲することが，むしろ増えすぎによる減少や，他の生物資源への悪影響を防ぐためにも有益であるということになります．しかし，環境問題として捉える立場からすれば，鯨はそもそも捕獲の対象とすべきではないということになります．つまり，捕鯨国と反捕鯨国との対立は鯨等に関する根本的な意識の食い違いによるものであって，その解決は，一部の環境保護運動団体の捕鯨妨害やイルカ漁を糾弾する行動などをみても，非常に難しいといわざるを得ません．

　もう1つ，日本の食文化に関わる国際紛争の例を見ておきましょう．それはミナミマグロ事件と呼ばれている，日本と，オーストラリア・ニュージーランドの間で争われた事件です．日本で生活していて，マグロを食べたことがないという人は多くないでしょう．マグロの中でもミナミマグロはクロマグロなどと並んで高級魚とされていて，世界全体での漁獲量の9割が日本で消費されていると言われています．

　盛んに漁獲が行われたために数が減少し，そのために日本・オーストラリア・ニュージーランドの間で年間漁獲可能量と国別の割当量を決定するという作業が行われるようになり，それが1993年に締結された**ミナミマグロ保存条約**と，その下でのミナミマグロ保存委員会の設置により制度化されました．同委員会が年毎に全会一致で，年間漁獲可能量と国別の割当量を決定する，という仕組みになったわけです．この委員会で日本は，ミナミマグロの数が増えてきているかどうかを確認するための調査漁獲を行うことを提案しました．しかし，オーストラリア・ニュージーランドの反対により調査漁獲は実施されず，年間漁獲可能量は1989年から1997年まで据え置かれ，1998年以降は日本の不同意に

より決定ができない状況となりました．この間に台湾や韓国という，保存条約に入っていない，つまり漁獲量の制限を受けない国の漁獲が増大したことが，日本の態度の硬化の一因となっていました．

日本は1998年に独自に試験的な調査漁獲を実施しました．それに対しオーストラリア・ニュージーランドは，調査漁獲の一方的実施が保存条約，**国連海洋法条約**に反し，また国際環境法上の基本原則としての**予防原則**に反するとして，国連海洋法条約附属書Ⅶに基づき仲裁裁判所に訴えを起こしました．同時に，日本の調査漁獲の即時停止と1997年までの割当量に従った漁獲の実施，予防原則の遵守を内容とする**暫定措置**[4]を要請しました．裁判所は両国の主張を認め，暫定措置命令を出しました．

ところが，その後仲裁裁判所は，本件がミナミマグロ保存条約を巡る争いであって国連海洋法条約は関係していない，という日本の主張は認めなかったものの，日本には仲裁裁判を受諾する義務はなかったと認定して，裁判所には管轄権がないと結論しました．

ミナミマグロ保存条約にはその後，台湾と韓国も加入して2003年に保存委員会で年間漁獲可能量が決定でき，現在に至っています．

以上のように，事件自体は仲裁裁判所に管轄権なし，ということで終わったのですが，ミナミマグロ事件は，鯨など海産哺乳類と比べて食用資源としての位置づけにつき異論が少ないマグロの漁獲についても，国際環境法，とりわけ予防原則に基づいてそれを（日本の立場からすれば）ことさらに制限しようとする主張があり，国際裁判でもその主張が認められる可能性がある，ということを示した事件となりました．そしてミナミマグロ事件は，裁判所の管轄権がないので裁判ができない，という判断で終わっていて，決して日本が勝った裁判であるとはいえないことに注意が必要です．

このように，いくつかの場面で，環境保護に関する国際法の発展が，日本の伝統的な食文化に影響を及ぼすという状況が見られているということができます．その中で，日本の国際捕鯨委員会からの脱退は，多国間主義を基調としてきた日本の対外姿勢からして，かなり思い切った措置であるといえるでしょう．ただ，日本において鯨肉は安価で栄養価の高い食材として，たとえば学校給食

にも盛んに使われてきましたが，モラトリアムが実施されて以降30年以上にわたって，（鯨肉を出す料理店などは点在するものの）日常的に鯨肉を見ることもほとんどなくなっています．本書の読者の中には，鯨を食べた経験がない人も多いのではないでしょうか．日本の基本的立場は，鯨にしてもマグロにしても，科学的根拠に基づいて持続的な利用を図っていくというものです．たとえば食用肉としての鯨肉の需要が現在どの程度あるか，客観的データに照らして，日本の，国際協調を害してまで商業捕鯨を再開する措置は適切であったのか，今一度考えてみることも必要なのかもしれません．

2 〉国際結婚なら夫婦別姓は OK ？

　この項のお話には，国際私法という，国際法に隣接する法分野が関わってきますので，まず国際私法について簡単に説明しておきたいと思います．

　国際法についてまず復習をしておきますと，国際法は，国家間の合意を基礎として形成され，国際社会において国家間の関係を主に規律する法というように定義することができます．このような国際法の定義が，その基盤とする国際社会の構造に由来していることは既にご存知のことだと思います．国際法は対等な国家間の関係を規律する法であるということができ，その意味では国内法における私法（民法や商法など）によく似ています．しかし国際法は，国際公法とも呼ばれます．それは，国際法が公の機関である国家の間の関係を規律する法であるからなのですが，若干ややこしいことに，国際法と隣り合う形で，国際私法という法分野が存在しています．

　国際法は私法的だといいながら実は国際法は国際公法とも呼ばれて，別に国際私法というものがある，とはどういうことだ，国際私法は国際法ではないというのか，ということになります．その通り，国際私法は実は国際法ではないと捉えられています．

　国際私法を一応定義してみると，以下のようになります．

　国際私法とは，渉外的な私法上の関係においてどの国（地域）の法（実質法）を適用すべきか（＝どの法を**準拠法**とすべきか）を定める法である．

　一読しただけではわかりにくいと思いますが，国際私法とは国境を越えて生ずる，つまり複数の国が関係する状況で生ずる私人間の関係において，適用されるべき国内法（これを準拠法といいます）を選択するための法，ということになります．そして，この国際私法は，日本では後に述べるように国内法で定められているのと同様に，諸外国でも国内法で定められています．だから国際私法は，国際法ではありません．もっとも，国際的な関係にかかわる法という点では，国際法と共通していて，国際法と合わせて国際関係法と呼ばれます（その場合国際法を国際公法ということが多い）．

　たとえば皆さんが国際結婚をしたり，さらに離婚したりする，あるいは会社に勤めて，外国の会社と契約を結んだり，時には外国の会社との間のトラブルを処理しなければならなくなったりする，という場合に，この国際私法は関連してきます．つまり，国際結婚の場合の婚姻や離婚の効力などについて，あるいは国境を越えた関係においてなされる契約などの法律行為に関して，場合によっては，同じ国籍の当事者の間の関係が外国で生じた場合の効力などについて，どの国の法に基づいて処理するのか，ということを定めているのが国際私法です．日本の国際私法は法の適用に関する通則法（法適用通則法）という法律の４条以下に定められています．

　以下，国際結婚を巡る法的な論点を，日本の国際私法に照らして見ていきましょう．

　法適用通則法の24条２項は，婚姻の方式について規定しており，婚姻の方式は婚姻挙行地の法による，と定められています．つまり，日本以外の，世界のどこで婚姻をしても，婚姻を行った国で定められた方式に則っている限りにおいて，日本でもその婚姻は有効に成立したと認められるということです．

　最近，日本人のカップルがアメリカのニューヨーク州で，そこでの方式に従って別姓のまま婚姻し，その後帰国して別姓で婚姻届けを出そうとしたときに受理されなかったというケースで，夫婦が婚姻関係の存在の確認を求めて訴訟を提起したという事件がありました．東京地方裁判所が2021年４月21日に判決を言い渡していますが，そこで東京地裁は，この婚姻は法適用通則法24条２項に基づき有効に成立したと認められるとしました．

　ご存知のように，日本では夫婦別姓は，それを認めるべきだという主張が強くなってきていますが，現在のところ制度として導入されていません．しかし，たとえば自由権規約委員会は日本の第7回報告書審査のために事前に設定した質問票において，夫婦が同一の姓を使用するように義務づけている民法750条により，実際上女性が夫の姓を名乗らざるを得ない状況があるとして，同条の改正について何らかの進展があったか明らかにすることを求めています．夫婦別姓は多くの国で認められつつありますし，国際人権法の分野においてもジェンダー平等の観点からの夫婦別姓の規範化が進んでいるといってよいでしょう．

　話を戻しますと，この事件で東京地裁は原告夫婦の，別姓で行った婚姻が有効に成立していると認めたので，つまりは夫婦別姓を認めたということなのか，と思われるかもしれません．しかし裁判所は続けて，本件では婚姻関係の存在確認を求めるよりも婚姻届けの不受理について，戸籍法の規定に基づいて家庭裁判所に不服申立てを行う方がより適切であると述べて，結論として訴え自体を退けています．これはどういうことでしょうか．

　ここで若干ややこしい話になりますが，法適用通則法はその25条で，婚姻の効力は，夫婦の本国法が同一であるときはその法により，その法がない場合において夫婦の常居所地法が同一であるときはその法により，そのいずれの法もないときは夫婦に最も密接な関係がある地の法によると定めています．この事件の場合，カップルの国籍はいずれも日本ですから，その婚姻の効力は日本法による，ということになります．婚姻の効力は日本では民法で定められていて，その750条は，「夫婦は，婚姻の際に定めるところに従い，夫又は妻の氏を称する」と規定しています．そしてこの条文と，それに基づいて制定されている戸籍法の規定を理由として，夫婦の婚姻届けは受理されなかったということになるわけです．

　判決はもちろんそれを認識していて，本件の夫婦のような立場は，民法750条に基づいて夫婦がどちらの姓を名乗るのかを定めるまでの間の暫定的な婚姻関係と位置づけられる，と述べています．夫婦別姓を認める国が増えていく中で日本ではいまだそれが認められるには至っていませんが，その可否を考える際に，世界の趨勢や国際法が別姓承認に傾くにしたがって，本件のような，法

的に若干苦しい構成をとらねばならない事例が増えてくるということを念頭に置いておくべきでしょう.

注

1）国際捕鯨取締条約 8 条 1 項は次のように規定しています.「この条約の規定にかかわらず，締約国政府は，同政府が適当と認める数の制限及び他の条件に従って自国民のいずれかが科学的調査を目的に鯨を捕獲し，殺し，及び処理することを認可する特別許可書をこれに与えることができる.」

2）ICJ の裁判は，原則として裁判の両当事国が同意しない限り行われない（ICJ に管轄権が生じない）ことになっています.しかし，ICJ を設立する条約である国際司法裁判所規程の36条 2 項は，締約国はいつでも，自国が提訴された場合に受けて立つという趣旨の宣言を行うことができ，そのような宣言を行っている国同士の間では，相手方の同意を得ずに一方的に提訴しても ICJ の管轄権は生じると規定しています.日本とオーストラリアはともにこの宣言を行っているので，この事件の場合，オーストラリアからの一方的な提訴によって，裁判が始まることになったのでした.

3）ICJ も，国際捕鯨取締条約の目的の 1 つが鯨類資源の持続可能な利用であるということを認めています.

4）裁判等で，訴えの対象となっている事態が進行中であるとき，進行するままに放置したのでは回復が不可能な状況となって，裁判で判断を行うことが無意味になってしまうおそれがあると認められるときに，本案の審理に先立って決定される措置のことを言い，仮保全措置と呼ばれる場合もあります.たとえば国際司法裁判所規程41条 1 項は「裁判所は，事情によって必要と認めるときは，各当事者のそれぞれの権利を保全するためにとられるべき暫定措置を指示する権限を有する」と規定しています.この暫定措置（仮保全措置）に法的拘束力があるかどうか，「指示する」という文言を巡って争いがありましたが，国際司法裁判所は2001年 6 月27日の「ラグラン事件」判決において，法的拘束力を認める判断を行っています.

---- HATENA ----

第15話

日本はいつ国際法と出会ったの？

---- INTERNATIONAL LAW ----

1 国際法との遭遇

　近世（江戸時代）の日本は，従来の歴史教科書に書かれていた**鎖国状態**というのではなく，むしろ，近年有力な説として主張されている**選択的開国状態**であったと考えられます．というのも，日本は，図15-1のように，4つの窓口（対馬口，薩摩口，松前口，長崎口）を通して外国と限定的に交易をしていたからです．**対馬口**では，対馬藩が李氏朝鮮と交易・外交関係を維持し，中国や朝鮮の文物や情報を入手していました[1]．**薩摩口**では，薩摩藩が琉球王国を従属させたことで中国と間接的な交易関係を有していました[2]．**松前口**は，松前藩が蝦夷地

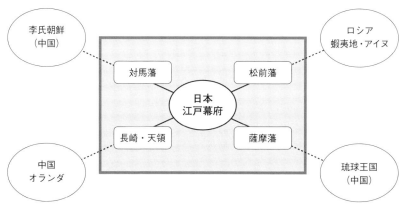

図15-1　江戸時代の日本の交易口

のアイヌ人と交易することで樺太や大陸とも関係していました．そして，**長崎口**では，江戸幕府は，長崎を幕府直轄領（天領）として統治することで，オランダ人や中国人との交易を独占し，提出された**オランダ風説書**や**唐船風説書**を介して，欧州，アジアおよび中国を含む世界中の情勢に精通していました．江戸幕府は，風説書によりアヘン戦争（1840-1842年），その後の南京条約（1842年）や香港割譲の状況も正確に把握していました．特に，1852年のオランダ風説書によりアメリカのペリー艦隊が日本との条約締結のために派遣されるとのペリー来航の予告情報も事前に入手していました．

　もっとも，近世日本の対外交渉は，オランダ東インド会社による商取引や朝貢国（朝鮮や琉球）を介しての間接的な商取引であり，日本とオランダまたは日本と中国（明・清）という国家間の直接的な交流を前提とした貿易関係ではありませんでした．

　日本が西欧諸国と国家対国家の正面からの外交交渉を本格的に持ち始めたのは，**ペリー来航**（1853年）以降です．その外交交渉の際に，日本は，西欧諸国が対外交渉の法的根拠として用いた**万国公法**，すなわち，国際法と初めて遭遇したのです．たとえば，アメリカ大統領書簡（国書）を持参したペリー提督は，いわばアメリカの特命全権大使に相当し，外交使節の儀礼に関する国際法（1815年のウィーン規則）に従って，外交交渉を行おうとしました．

　日本は，当時，国際法を理解しておらず，下記の白旗の逸話が示すように，アメリカの砲艦外交に圧倒されて，**日米和親条約**（1854年）や**日米修好通商条約**（1858年）を締結するになりました．それ以降，西欧列強（英，露，蘭，仏）との間にも，同様の条約を短期間に締結しました．

2 ペリー提督と白旗

　ペリーは，1853年にフィルモア米国大統領から日本皇帝陛下（将軍）宛ての国書（開国・通商の要求）とともに，通信文を添えた「**白旗**」2旒を贈りました．通信文によれば，この白旗は，日本がアメリカとの開国・通商を断れば，アメリカと戦争となり，日本は必ず敗北する，その際に和睦を願うのであれば，こ

の「白旗」を押し立てればいい，そうすれば，アメリカは砲撃を中止し和睦に応じる，と書かれていたといいます．確かに，交渉するために白旗を掲げる者は，1899年の**陸戦法規慣例規則**32条に規定されているように，**軍使**とみなされ，攻撃されない権利（不可侵権）があります．白旗を掲げれば，戦闘意思のないこと，あるいは，降伏意思のあることを表明したと，当時から一般的に理解されていました．では，江戸幕府は，この時にこのような意味を有する白旗に初めて遭遇したのでしょうか．

　日本において外国との交渉で白旗が登場するのは，ペリー来航よりも早い日露交渉（1813年）においてでありました．1811年に千島列島を測量中のロシア軍艦**ディアナ号**艦長ゴローニンが捕縛された事件を解決するために，副艦長リコルドの指揮するディアナ号が箱館港に入港しました．そのディアナ号にも上陸用の小舟にも交渉用の白旗が掲げられ，日本側も箱館山にも日本側の小舟にも白旗が掲げられたといいます．白旗を交渉旗とする認識は，この時期すでに日本に定着していたと思われます．では，日本では，白旗が交渉旗であるという西欧における法規慣例をいつ頃から認識していたのでしょうか．

　フヴォストフ襲撃事件[6]が発生した1807年に，長崎通詞がオランダ商館長から，ロシア人との交渉に際しては，舳先に白旗を掲げて行けば，ロシア人は間違いなく会談すると教えられていました．白旗に関するその知識が6年後のリコルド来航時に活かされ，そして，ペリー来航でも，白旗を送り付けられた江戸幕府は，屈辱的な意味を十分理解していました．幕府だけでなく，開国論者の佐久間象山もそれに大いに憤慨したといいます．

3 日本は半文明国

　当時の近代国際法は，図15-2のように，国家・領域を3つの類型，すなわち，文明国，半文明国，無主地（未開地）に区分していました．**文明国**は，西欧型の国内法体系を有する国家であり，そこでは平等な国家関係（主権国家の関係）が成立しています．しかし，トルコ，ペルシャ（イラン），シャム（タイ），中国および日本のように，国家統治のための独自の法体系を有するも，西欧型

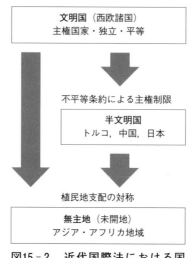

図15-2　近代国際法における国
家・領域の分類

の「文明の法」体系を有していない国家は，**半文明国**と位置づけられ，西欧諸国から対等な一人前の主権国家とは認められませんでした．そのため，日本にとって不平等な前述の諸条約（**領事裁判権制度，関税自主権の放棄，片務的最恵国待**遇[7)]が含まれた）が押し付けられたのです．さらに，アジア・アフリカの民族の領域は，西欧諸国から見れば，国家としての統治形態が存在せず，それゆえ，**無主地（未開地）**と称され，近代国際法上，西洋諸国による植民地支配の対象地域として位置づけられました．このように，当時の近代国際法は，文明国間では国家主権が尊重される光の側面がある一方で，文明国による無主地・未開地の植民地支配を合法化する影の側面も有するものでした．

　そのような近代国際法の下で半文明国として国際社会に参入した日本の最大の外交課題は，不平等条約の改正でした．日本は，西欧諸国から文明国として認められるという外交課題を実現させるためには，経済を発展させ軍事力を強化する（**富国強兵**）とともに，西欧諸国の法制度の導入・整備および外交関係における西欧諸国の法的根拠である国際法の修得が不可欠であると考えました．他方，近代国家を目指す日本は，まだ清の朝貢国であった李氏朝鮮に対して，日本がアメリカに開国させられたように開国を迫り，西欧諸国に押し付けられ

たように，不平等条約（領事裁判権制度だけでなく，日本の輸出入商品への無関税，自由な海岸の測量権や日本貨幣の流通権など）を強要しました（1876年の日朝修好条規）．

4 〉 国際法の移入

　国際法は，現場での遭遇とは別に，学術的に移入された経路が２つあります．１つは，学問として正式に国際法を学んだ**西周助**（周）や**榎本釜次郎**（武揚）らのオランダ留学生組（1862年派遣）です．ライデン大学フィッセリング教授に師事した西は，1865年に帰朝しその講義録を翻訳して出版しました．それが，日本語による本邦初の国際法教科書『西周助訳　和蘭畢洒林氏万国公法』（1868年）です．榎本は，ハーグ大学フレデリック教授からフランス人のオルトラン著『万国海律全書（*Règles internationales et diplomatie de la mer*）』（初版1845年）の蘭訳を元に国際法を学びました．榎本は，戊辰戦争の最後となる函館戦争（1868-1869年）において，『万国海律全書』上下２冊が戦火で焼失するのを回避し後世での活用を希望して，降伏前にそれを明治政府軍参謀の黒田清隆（後の内閣総理大臣）に贈りました．後に，1899年に海軍参謀本部より第３編の戦争状態の箇所が完訳されて，俄爾社蘭（ヲルトラン）『海上国際条規』（海軍参謀本部，1899年）が出版されました．

　もう１つの移入経路は，アヘン戦争以降，西洋研究が盛んとなった中国です．中国在住のアメリカ人宣教師マーチン（William Martin, 中国名丁韙良）が，Henry Wheaton, *Elements of International Law*, 1836の漢訳書を1864年に出版しました．同書は直ちに日本に輸入され，1865年に開成所（西周訓点）で全６巻の『**万国公法**』として出版されました．これが，本邦初の体系的な国際法の導入となりました．当然，実務担当の外国奉行や開港地の運上所（税関の前身）には，万国公法の書籍が英語辞典とともに備え付けられていました．

　勝海舟をはじめ幕末の知識人も，万国公法の存在およびその重要性を広く認識し，万国公法の書籍を入手していたといいます．海援隊を率いる**坂本龍馬**は，船舶の航行に必要な万国公法に精通していたことから，**いろは丸事件**（1867年）[8]において，当該法を根拠に紀州藩から賠償金８万3000両（再交渉の後減額されて

7万両）を獲得しました．さらに，坂本龍馬は，海援隊から『和英通韻伊呂波便覧』（和英辞典）の復刻および『万国公法』の活版印刷を計画していたといわれています[9)]．

　上述のように，幕末・明治維新の頃は，「万国公法」という用語が一般的に使われていました．1873年（明治6年）に法学者の箕 作 麟 祥 が Theodore Woolsey, *Introduction to the Study of International Law*, 1860 を『国際法一名万国公法』と題して翻訳・出版しました．これが，「**国際法**」という訳語が「万国公法」に代わり初めて使用された書籍です．日本に紹介された国際法学者のフィッセリング，オルトラン，ウィートンおよびウールジーが国際法の法的根拠を自然法に結び付ける学派であったために，儒教の道徳主義が支配していた日本にとって，万国公法（国際法）は受容しやすかったように思われます．

　なお，日本において国際法の研究を促進し国際知識を普及させるために，**国際法学会**が1897年に創設されました[10)]．この学会は，法律学の分野において日本で最も古い学会であり，学会誌『国際法雑誌（後に国際法外交雑誌に改題）』（1902年創刊）は，一国の国際法専門誌としては世界で3番目の歴史を持ちます．これらの事実からも，国際法の修得が近代国家を目指す明治期の日本にとっていかに喫緊の課題であったかが，よく理解できます．

5 赤十字法規と戦争

　1859年に「ソルフェリーノの戦い（第二次イタリア独立戦争での戦闘）」に遭遇した**アンリ・デュナン**が，戦争犠牲者の支援のために1863年に負傷救護国際委員会（後の赤十字国際委員会）を設立しました．その委員会は，スイス政府に働きかけて，1864年に**赤十字条約**（またはジュネーヴ条約．傷病兵の収容にあたる衛生要員が赤十字標章により保護されると規定）を成立させ，パリ万国博覧会（1867年）に，赤十字活動を紹介する展示館を出展しました．

　日本からパリ万国博覧会に参加した佐賀藩の佐野栄寿左衛門（常民）は，その赤十字館で外科手術の器具に興味を持った以上に，敵味方区別なく傷病兵を

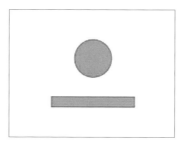

図15‐3　博愛社の保護標章

救護する赤十字の理念に感銘したといいます．1873年のウィーン万博にも出展
された赤十字館も見学した佐野は，1877年の**西南戦争**（1877年）の勃発を受け
て，赤十字の理念を体現するために**博愛社**[11]の設立に尽力しました．赤十字の理
念を理解し西南戦争で事実上赤十字活動を容認した日本政府は，1886年に赤十
字条約を批准しました．1887年には，**大山巌**陸軍大臣は，赤十字教育を普及さ
せるために，兵卒にも理解しやすい条約の注釈書『赤十字条約解釈』を作成し，
軍隊の全将兵に配布しました．

　日本の赤十字条約加盟は，赤十字の理念への共感も大きな要因でしたが，そ
れ以上に，陸軍の衛生部隊だけの問題ではなく，日本が西欧諸国から対等に扱
われる，すなわち，文明国として認めてもらうための日本政府の努力の一環で
もありました．

　特に**日清戦争**（1893・4年）・**日露戦争**（1904・5年）において，日本は，国際
法，特に戦争法の遵守に最大限の努力をしました．日清戦争での宣戦の詔勅で
は，「苟（いやしく）も国際法に戻らざる限り各々権能に応じて一切の手段を尽すに於い
て必ず遺漏なからんことを期せよ」（1894年8月1日）と規定されています．ま
た，日露戦争でも，「凡そ国際条規の範囲に於いて一切の手段を尽し遺算なか
らむことを期せよ」（1904年2月10日）と，天皇は自国の陸海軍に対して国際法
の遵守を命じています[12]．

　清国は，当時，赤十字条約に加入しておらず，日本は，同条約を適用する法
的義務はなかったにもかかわらず，日清戦争において赤十字条約当事国として
同条約を忠実に適用しました．法律顧問として従軍した**有賀長雄**（ありがながお）が，1896年に

『日清戦役国際法論』をフランス語版と邦語版で出版しています．その出版の意図として，彼は「本書ノ目的ハ日清戦役ニ於テ敵ハ戦律ヲ無視シタルニ拘ラス我軍ハ文明交戦ノ条規ニ準拠シタル詳細ノ事実ヲ欧州ノ国際法学者ニ傳ヘントスルニ在リ」と述べています[13]．日本は，日清戦争における戦争法の遵守が高く評価され，欧米諸国から一応「文明国」として認められた結果，1899年の戦争法関連の条約採択会議（ハーグ平和会議）に招請されました．日本は，国際社会において文明国として振る舞うべく，そこで採択された2条約3宣言すべて[14]に無留保で署名し，1900年に批准しています．

　日露戦争においても，日本による国際法・戦争法の遵守が高く評価されました．特に，開戦早々に捕虜取扱規則などの国内法の整備が行われ，多数のロシア軍捕虜が，愛媛県・松山その他で戦争法の規定以上の人道的待遇（厚遇）を受けたことは有名です．

6 〉東郷平八郎と国際法

　東郷平八郎（1848年生れ）は，イギリス留学時代（1871-1878年）に，操船術とともに国際法を学びました．東郷が忠実に国際法に従って軍事行動を命じた有名な逸話が2つ残っています．1つは，事実上の日清戦争の最初の戦闘となった豊島沖海戦での高陞号擊沈事件（1894年7月25日）です．巡洋艦「浪速」艦長の東郷大佐は，清国が借り上げたイギリス商船「高陞号」を発見しました．同船上に多数の清国将兵および武器・弾薬が確認されたために，臨検終了後に同船を引致し捕獲しようとしたが，同船はその引致命令に従いませんでした．そのために，東郷艦長は同船を破壊・擊沈します[15]．しかし，中立国であったイギリスの商船が日本海軍によって擊沈されたという事件は，イギリスの政府および世論の強烈な非難を引き起こすこととなります．そのような状況の中で，イギリスの国際法学者2人（ウェストレークとホランド）が，英タイムズ紙（同年8月3日・6日）に，日本海軍の行動が国際法上正当化されるとの見解を示しました．彼らは，高陞号に対する停船命令はそれ自体戦争意思の表明であること，そして，イギリス商船が清国兵を輸送していた（軍事幇助）ことから，同船は

戦争法上捕獲対象となり，命令に従わない場合に破壊・撃沈も国際法上認められていたことを指摘しました．この２つの解説記事により，激昂したイギリスの世論は一転鎮静化しました[16]．

　もう１つは，日露戦争におけるバルチック艦隊との日本海海戦（1905年5月28日）での出来事でした．ネボガトフ少将指揮下の艦隊が白旗を掲げたにもかかわらず，東郷平八郎連合艦隊司令長官は「撃ち方止め」の命令を下さず，砲撃を継続しました．それは，まだロシア軍艦が機関を停止せず，前進していたためです．降伏するためには，白旗による意思表示だけでなく，機関停止という条件が必要であり，東郷は「武士の情け」に流されることなく，正確な国際法に基づき砲撃を継続させました．ロシア軍艦側もそれに気づき，機関を止め，それで，東郷も初めて砲撃を中止させました[17]．

　日本は，半文明国として締結させられた不平等条約を改正するために，刑法（旧刑法）公布（1880年），内閣制度（1885年），憲法発布（1889年），議会開設（1890年）など西欧諸国の政治・法制度を導入したことから，ようやく**陸奥宗光外相**時（1894年）に，領事裁判権制度を撤廃する日英通商航海条約およびその他14か国との同様の条約を締結することができました（1899年発効，有効期限12年間）．これで，日本も西欧諸国と同等の独立国としての仲間入りが果たせた訳です．さらに，**小村寿太郎**外相時には，日清・日露戦争の勝利や日英同盟（1902年）の締結を背景に，有効期限の満了時の1911年に，関税自主権の回復交渉に成功して，新日英通商航海条約が調印されました．関税収入を不当に抑え，国際市場での国産品の競争力を奪っていた要因が排除されたことで，日本産業の発展が一層促進されることになりました．

　このように，日本が，幕末・明治維新時に国際法と遭遇し，半文明国としての位置づけから脱却し，そして，欧州諸国と同じ文明国になる発展過程は，同時に，日清戦争後の台湾・澎湖諸島の割譲，日露戦争後の韓国における日本の優位性の承認，旅順・大連の租借権の譲渡，南樺太の割譲および日韓併合条約（1910年）の締結のように，アジア地域における帝国主義への道を突き進む破滅への過程でもありました．これは，近代国際法の光（国家主権の尊重，平等）と

影（戦争の自由，植民地の合法化）の両面を反映する歴史でもありました．

注

1）江戸時代には，**朝鮮通信使**が江戸幕府に12回も派遣された．

2）琉球王国は，15世紀以降19世紀半ばまで中国と朝貢関係にあり，中国の皇帝から琉球の国王であるとの承認を与えるための柵封使を24回も受け入れた．他方，1609年の琉球王国への薩摩侵攻以降，琉球王国は，日中に対する両属関係となり，19世紀半ばまで，江戸幕府に対しても服従を示すための**江戸上り**を17回も実施した．

3）日本は，李氏朝鮮を朝貢国家として待遇していた．

4）本条約により下田と函館が開港され，外交使節（領事）が常駐することとなり，国家間の正式な外交関係が開始されることになった．

5）1854年の日英和親条約，1855年の日露和親条約，1856年の日蘭和親条約および1858年の安政5か国条約（日米・日蘭・日露・日英・日仏修好通商条約）．なお，日米和親条約締結後に，琉球王国とアメリカが条約を締結した（1854年の琉米条約）．その後，1879年の琉球処分により琉球王国が滅亡したことで，当該条約も失効した．

6）文化3年・4年（1806・1807年）にロシアから日本に派遣されたレザノフが部下のフヴォストフ海軍中尉に樺太島と千島列島を襲撃させた事件（**文化露寇**）.

7）安政5か国条約は，3点において不平等条約でした．第1に，外国人が被告の場合に外国の領事が裁判を行い，領域国（日本）の裁判管轄権が認められない（領事裁判権制度）．第2に，相手国との合意による協定税率に拘束され，自国産業の保護を目的とした自主的な税率の決定権がない（関税自主権の放棄）．第3に，ある国家が複数の国家と貿易をした場合に，複数の国家側は自動的に最も有利な関税に自動的に引き下げられる（最恵国待遇）が，日本はそれが認められない（片務的最恵国待遇）．

8）坂本竜馬が結成した海援隊が伊予国大洲藩から借り受けた「いろは丸」が，瀬戸内海で紀州藩「明光丸」と海上衝突した事件．日本の近代海運史上初の事件であるとともに，万国公法という法を根拠に解決した日本初の海難審判事件でもあった．

9）本書は，坂本竜馬の暗殺（1867年11月）の5か月後に「土佐海援隊蔵版」として木版刷りで出版された．

10）世界的規模では，1873年設立の**万国国際法学会**（Institute de Droit International）と1873年設立の「国際法の改革および法典化のための協会」の後身で1895年に名称変更した**国際法協会**（International Law Association）があります．

11）博愛社での救護員の保護標章は，赤十字ではなく，日の丸の下に赤で横に1本棒を付けたものでした．博愛社は，1887年に**日本赤十字社**と改称に，佐野常民が初代社長となりました．

12）第一次世界大戦の対独宣戦の詔勅（1914年8月23日）にも，日露戦争と同一文が使用された．他方，太平洋戦争での対米英宣戦の詔勅では，「億兆一心国家の総力を挙げて

征戦の目的を達成するに遺算なからんことを期せよ」（1941年12月 8 日）としか述べておらず，天皇が陸海将兵に国際法の遵守を命ずる文言はありませんでした．それは，太平洋戦争での日本軍による多数の戦争法違反が戦後の国際軍事裁判所で裁かれた事実を暗示していたように思われます．

13）有賀は，日露戦争にも国際法顧問として従軍した後，『日露陸戦国際法論』（フランス語版1908年，日本語版1911年）も出版しています．

14）陸戦法規慣例条約，ジュネーヴ条約の原則を海戦に応用する条約，空中よりの爆弾投下禁止宣言，毒ガス禁止宣言，ダムダム弾禁止宣言です．

15）司馬遼太郎『坂の上の雲（二）』文春文庫，1999年，新装版，63-65頁．

16）もっとも，高陞号の撃沈までの手続きは，国際法に従っているとしても，沈没後に清国兵を 1 人も救助しなかったことについての批判があります．司馬遼太郎も，「英人のみを救ったのは，国際世論のなかで優等生たろうとする日本陸海軍の意識のあらわれであるといっていい」と言及しています．司馬，同書，75-76頁．

17）司馬遼太郎『坂の上の雲（八）』文春文庫，1999年，新装版，250-251頁．

略語表一覧

略記	正式名	日本語
ADB	Asian Development Bank	アジア開発銀行
ADIZ	Air Defense Identification Zone	防空識別圏
ALOP	Appropriate Level of Protection	保護措置
APEC	Asia Pacific Economic Cooperation	アジア太平洋経済協力会議
COP	Conference of the Parties	（気候変動枠組条約）締約国会議
COPUOS	Committee on the Peaceful Uses of Outer Space	宇宙空間平和利用委員会
CW	Conventional Weapons	通常兵器
DSU	Understanding on Rules and Procedures Governing the Settlement of Disputes	紛争解決了解
EEZ	Exclusive Economic Zone	排他的経済水域
EPA	Economic Partnership Agreement	経済連携協定
EU	European Union	ヨーロッパ（欧州）連合
FAO	Food and Agriculture Organization of the United Nations	国連食糧農業機関
FTA	Free Trade Agreement	自由貿易協定
GATS	General Agreement on Trade in Services	サービス貿易に関する一般協定
GATT	General Agreement on Tariffs and Trade	関税及び貿易に関する一般協定
IBRD	International Bank for Reconstruction and Development	国際復興開発銀行
IBWM	International Bureau of Weights and Measures	国際度量衡局
ICAO	International Civil Aviation Organization	国際民間航空機関
ICBM	Inter-Continental Ballistic Missile	大陸間弾道ミサイル

ICC	International Criminal Court	国際刑事裁判所
ICJ	International Court of Justice	国際司法裁判所
ICRC	International Committee of the Red Cross	赤十字国際委員会
ICRW	International Convention for the Regulation of Whaling	国際捕鯨取締条約
IDA	International Development Association	国際開発協会
IFAD	International Fund for Agricultural Development	国際農業開発基金
IFC	International Finance Corporation	国際金融公社
ILO	International Labour Organization	国際労働機関
IMF	International Monetary Fund	国際通貨基金
IMO	International Maritime Organization	国際海事機関
INF	Intermediate-range Nuclear Forces	中距離核戦力
IOC	International Olympic Committee	国際オリンピック委員会
ITO	International Trade Organization	国際貿易機関
ITU	International Telecommunication Union	国際電気通信連合
JARPA II	Japanese Whale Research Program under Special Permit in the Antarctic II	第二期南極海鯨類捕獲調査
LAWS	Lethal Autonomous Weapon Systems	自律型致死兵器システム
MDGs	Millennium Development Goals	ミレニアム開発目標
MIGA	Multilateral Investment Guarantee Agency	多数国間投資保証機関
NATO	North Atlantic Treaty Organization	北大西洋条約機構
NGO	Non-governmental Organization	非政府団体（組織）
NIEs	Newly Industrializing Economies	新興工業経済地域
NPT	Treaty on the Non-Proliferation of Nuclear Weapons	核不拡散条約
OAS	Organization of American States	米州機構
OHCHR	Office of the High Commissioner for Human Rights	国連人権高等弁務官事務所

PKF	Peace Keeping Forces	平和維持軍
PKO	Peace Keeping Operations	平和維持活動
PLO	Palestine Liberation Organization	パレスチナ解放機構
SDGs	Sustainable Development Goals	持続可能な開発目標
SLBM	Submarine-Launched Ballistic Missile	潜水艦発射弾道ミサイル
SORT	Treaty Between the United States of America and the Russian Federation on Strategic Offensive Reductions	戦略攻撃能力削減条約
SPS 協定	Agreement on the Application of Sanitary and Phytosanitary Measures	衛生植物検疫措置の適用に関する協定
START I	Strategic Arms Reduction Treaty 1	第一次戦略兵器削減条約（START I）
TPRM	Trade Policy Review Mechanism	貿易政策検討制度
TRIPs	Agreement on Trade-Related Aspects of Intellectual Property Rights	知的財産権の貿易関連側面に関する協定
UN	United Nations	国連（国際連合）
UNCTAD	United Nations Conference on Trade and Development	国連貿易開発会議
UNEP	United Nations Environment Programme	国連環境計画
UNESCO	United Nations Educational, Scientific and Cultural Organization	国連教育科学文化機関（ユネスコ）
UNHCR	The Office of the United Nations High Commissioner for Refugees	国連難民高等弁務官事務所
UNIDO	United Nations Industrial Development Organization	国連工業開発機関
UNU	United Nations University	国連大学
UNWTO	World Tourism Organization	国連世界観光機関
UPU	Universal Postal Union	万国郵便連合
WHO	World Health Organization	世界保健機関
WIPO	World Intellectual Property Organization	世界知的所有権機関
WMD	Weapons of Mass Destruction	大量破壊兵器

WMO	World Meteorological Organization	世界気象機関
WTO	World Trade Organization	世界貿易機関
新 START	New Strategic Arms Reduction Treaty	新戦略兵器削減条約（新 START）

索　引

《著者紹介》

岩本 誠吾（いわもと せいご）　第1・3・4・5・6・12・13・15話

　1956年生れ
　1985年　神戸大学大学院法学研究科博士課程単位取得満期退学
　現　在　京都産業大学名誉教授・京都産業大学法学部客員教授
主要業績
　「自律型致死兵器システム（LAWS）規制——多層的・多角的アプローチからの規制の
　　試み——」『軍縮研究』11巻1号，2022.
　「自衛隊と国際法の関係性の変遷——自己抑制と法的ズレを超えて——」『産大法学』
　　55巻2号，2021年.
　「標的殺害のための武装ドローンの使用に関する国際法的評価——国際人権理事会報告
　　を素材として——」『京都産業大学世界問題研究所紀要』36巻，2021年.

戸田 五郎（とだ ごろう）　第2・7・8・9・10・11・14話

　1958年生れ
　1987年　京都大学大学院法学研究科博士後期課程単位取得満期退学
　現　在　京都産業大学法学部教授
主要業績
　『国際人権法・庇護法研究』信山社，2022年.
　「宗教の自由の制限と送還禁止——宗教を変更する自由との関連を契機として——」
　　『実証の国際法学の継承——安藤仁介先生追悼——』信山社，2019年.
　「EU送還政策と無国籍」『産大法学』51巻3・4号，2018年.

はてなの国際法

2022年10月30日　初版第1刷発行	＊定価はカバーに
2023年4月15日　初版第2刷発行	表示してあります

著　者　　岩　本　誠　吾 ©
　　　　　戸　田　五　郎

発行者　　萩　原　淳　平

印刷者　　江　戸　孝　典

発行所　株式会社　晃　洋　書　房
〒615-0026　京都市右京区西院北矢掛町7番地
電話　075（312）0788番代
振替口座　01040-6-32280

装丁　吉野 綾　　　　印刷・製本　共同印刷工業㈱

ISBN978-4-7710-3667-3